私の見た日本人

パール・バック

Pearl S. Buck

丸田浩 監修

小林政子 訳

国書刊行会

私の見た日本人

パール・S・バック

本書で使用した写真はGAF社の協力によりSuper Hypan and Versapan黒白フィルムおよびAnscochromeカラー透明フィルムを使用している。現像についてはシュリロ貿易（日本）の協力をいただいた。また日本光学社（現・株式会社ニコン）輸出部長E・ヤマナカ氏および米国ニコン社ヨーゼフ・エーレンライヒ氏よりカメラとレンズの使用につきご協力いただきお礼を申し上げる。

日産株式会社にはダットサンを使用させていただき、またBOAC航空会社からも丁寧なサービスとご協力を賜った。

マーラ・レイ氏、ヴァレリー・ムルマン氏およびジョージ・エンゲル氏のご支援に心から感謝する。

THE PEOPLE OF JAPAN

原本表紙

THE PEOPLE OF JAPAN

by Pearl S. Buck

PHOTOGRAPHS BY STUART FOX

SIMON AND SCHUSTER · NEW YORK

原本扉

目次

私の見た日本人　パール・S・バック　写真：スチュアート・フォックス

目次

装幀　柴田淳デザイン室　カバー写真：©Jerry Tavin/Everett Collection/amanaimages.

凡例

一、本書の原著『The People of Japan』は一九六六年に米国の大手出版社「サイモン・アンド・シュスター」から出版されたものです。

一、原著の大見出しは「Ⅰ」から「XV」のみの表記でしたが、「Ⅰ　はじめに」など内容紹介を兼ねた日本語の大見出しを付しました。

一、原著に表記のない小見出しも、適宜表記しました。

一、写真は編集の都合上、原著のものに拡大・縮小などの加工を行いました。

一、差別用語に配慮し、一部を削除あるいは加筆し補いました。

一、難字にはルビをふり、難解な言葉には（　）で意味を補いました。

一、本書は五〇年ほど昔に、日本での見聞をもとにアメリカ人の読者向けに執筆されました。記述に補足説明を要するものや、明らかな誤認もあります。訳注の形で欄外に補足説明を行いました。

一、本書に掲載されている写真は、Stuart Fox 氏が撮影した作品です。弊社で同氏の消息を出版元などに問い合わせましたが現在のところ不明です。同氏の消息をご存知の方がいらっしゃいましたら、弊社宛にお知らせ下さいますようにお願いいたします。

平成二五年三月　　国書刊行会

I

はじめに

私が生まれるかなり前から日本人は私の世界の一部であり、私たち一家の歴史の一部でした。私の両親はとても勇敢で冒険好きな夫婦で、一八八〇年にアメリカから船で中国へ旅立ちました。母は新婚の花嫁で二三歳、父は理想に燃える二八歳の宣教師でした。日本は二人がアジアで初めて出会った国です。船は横浜、神戸、長崎の三港に立ち寄りました。両親のことですから、きっと陸に上がり、なるべく遠くまで足を伸ばして風景を目に焼き付けようとしたにちがいありません。初めての印象がどうであったにせよ、日本は若い二人のアメリカ人に日本以外のアジアについて、すなわち、二人がこれから人生を送ろうとしていたアジアについて、誤った印象を与えました。アジアについてただ一つ真実があるとすれば、どの国も国情はまったく違いますが、日本はどこよりも違うからです。インドと中国という二つの母なる文化がありながら、日本人はアジア民族の中で独特《ユニーク》です。アジアの国々は大なり小なりインドか中国かどちらかの文化の影響を受けています。しかし、島国である日本は外国の文化をそのまま受け入れたのではなく、自国に合うように改良して受け入れました。

ですから、私の両親は自分たちが見た昔の日本の姿にまんまと欺されたのです。二人は日本で何を見たのでしょうか。きっと心を奪われたことでしょう。当時の日本には手つかずの自然な美しさがありました。確かに日本人の祖先はアジア大陸に渡っていました。七世紀には外国の習慣を自国にふさわしく改良して生活していたからです。たとえば文字です。それ以前の日本には文字がありませんでした。情報や感性を豊かに表現できる漢字に接した日本人は、漢字をまったく異質の日本の話し言葉に応用しました。日本の宗教も元来はまとまりのない民間伝承の集まりでしたが、インドから中国、朝鮮を経由して仏教が伝来すると仏教の教義を自分たちに合うように変えました。歴史学者ジョージ・サンソンは『日本文化の歴史』で「日本人は中国で表現された仏教を国家を守るために役に立つ宗教」であると考えたと述べています。仏教が役に立つと知った日本人は自分たちのやり方で仏教を利用しました。必要に応じて修正したのです。中国の手本を参考にして大きな寺や僧院を建立し、建築様式を確立していきました。日本人は外国の風物や文化を自国に合うように改めましたが、国民性は変えませんでした。外国から持ち帰った新しいものに順応しても、根本から変わることはありませんでした。逆に、変わらない自分に合うように外来の新しいものの方を変えてきました。現在もそうです。ですから、今日、日本を旅すると欧米に劣らず近代的ですが、大きく変化した日本人の姿に出会うことはありません。日本での滞在が長くなればなるほど、外見や生活様式は変わっても、日本人は基本的に変わらないことがはっきりしてきます。

私がアジアで前半生を終えてアメリカに生活の場を移したとき、アメリカ人が、

「日本人は外国の猿真似ばかりする国民だ」

と言ってはばからず、日本をまったく理解していないのを知って情けなくなりました。これほど真実からかけ離れた認識はありません。日本人は出会ったどの文化からも最高のものを見つけ出す人たちです。学び取ったことをそのまま真似るのではなく創造的に利用します。自分たちの生活様式に役立つものを取り出して新しいものに改良して使います。日本はそうして世界の先進国と肩を並べるほどになりました。

これは現在も過去も一貫して日本の特徴です。再び中国の影響を例に挙げます。昔、大陸へ渡った日本人は古代中国の文物の素晴らしさに目を見張りましたが、持ち帰った中国の建築、美術、書道、衣服までもが日本風に改良されました。中国の非階級制社会は日本に持ち込まれませんでした。民主主義的原理に基づいた中国の制度も、儒教も持ち帰られませんでした。中国では官位は科挙に合格した者たちだけに与えられましたが、日本では封建制の下で官位は世襲でした。さらに、日本は中国のように王朝を変えて国家を再興することはしませんでした。

両親は初めに日本に接したので中国に対する備えが出来ていませんでした。中国に到着したときは、正直言って、中国大陸の夥《おびただ》しい人口に度肝を抜かれたのではないかと思います。その点で日本は二人には理想の国であり続けました。整然と秩序だった清潔な国、ほどほどで分かりやすい国、だだっ広くて奥が深い中国とは対照的です。後に両親は焼けつくような夏の暑さを避けたり、軍閥同士の争いが激しくなったとき、短期間日本へ疎開しました。

ですから、成長した私はどうしても私なりに日本を知りたかったのです。子供時代に、太平洋を行き来する途中に立ち寄る日本は、私にとっても夢のような国でした。美しい風景、洗練された建築、着飾った人びと、つねに微笑み、いつも礼儀正しく、必ず子供にあげるものを持っていることなど、おとぎ話のようでした。日本への立ち寄りを楽しみにしていたものです。行けども行けども荒々しい海の中で、日本はほっと一息つける安全な港なので余計に待ち遠しかったのです。月日は流れ、南京が共産軍に攻撃されたとき南京に住んでいた私は、直感的に家族ともども日本へ避難しました。

その時、私は、両親が言っていたとおり、

「日本へ行きましょう」

と一家四人で日本へ移り住みました。温泉地雲仙に近い長崎県の山村の小さな民家を借りました。中国で危険がなくなるまでそこで暮らしました——ほんの二、三年でしたが、歴史は変転し、中国では共産主義者が勝利しました。

中国の我が家に帰るまでの、日本で暮らした数年の間に、私はできる限り深く日本の人びとの考え方を知ろうとしました。とにかく私は日本の人びとが好きなのです。昔の日本や昔風の流儀を愛する両親の日本好きを受け継ぎました。私は生半可な日本好きではないので長年にわたって日本人を見つめてきましたが、これからも新しい場所を訪れ、新しい取り組み方で日本を発見していきたいと思います。

Ⅱ

日本の輪郭

日本人の住む四つの大きな島

日本へ行く乗り物は昔は船で、現在は飛行機です。日本人の住む列島を空から見下ろすと、南北に三日月形に連なっています。全体的には北寄りで、太平洋の端にあります。なぜ、地理的外観を持ち出すのか？　それは日本の輪郭、諸外国や周辺の海との関係、地球上の位置を知らねばならないからです。これら外観上の特徴が実はそこに生きる人びとに直接関係があります。たとえば、島嶼民族は大陸に住む民族とはまったく違います。島嶼民族でも大陸に近い島と海洋の真ん中にある島とでは違いがあります。日本人は地理的に孤立した民族で、固有の国民性を育んできたことは明らかです。日本人と他民族との違い、欧米人のみならず他のアジア諸民族との相異点を知る必要があります。

地域による違いは国内にもあります。日本は四つの大きな島と周辺の小さい島々から成り立っています。四島とは最北端にある北海道、最大の島である本州、本州から瀬戸内海を隔てて南にある四国、そして最南端にあり、おそらく最も美しい島、長崎がある九州です。一九六三年（昭和三八）現在、これら四島と周辺の小さい島々に日本人九六一六万人が住んでいます。

主要な四島の住民は、船や航空機の航路から外れたその他の小島の住民に比べて近代化が進み、変化を受け入れやすいのは当然です。昔の日本がどうであったかを知りたければ小さい島々に行くべきです。離れ小島の住民は今でも着物を着て下駄を履き、パーマが女性の髪を痛めることはありません。パーマは日本を侵す好ましからざる影響の一つです！　日本女性の髪はかつては長く、真っ直ぐで、艶がありとても美しかったのですが、現在では、よほどの田舎でない限り、女性の髪はちりちりで、乾いてかさかさしていて、短いのがふつうです。そういう髪型は日本女性の顔には似合わないと断言できます。

離れ小島には昔の日本が、四島には新しい日本があります。しかし、四島のなかでも違いがあります。たとえば、最北の北海道に住むアイヌ民族はアーリア系と言われ、現在では北海道や千島列島、サハリンの一部に住み、極端に人口が減少しています。アイヌ民族は日本人に比べて皮膚が白く、目の色は薄く、毛深いという特徴があります。人類学的には白色人種であり、昔はアイヌ民族と他民族との間に争いがありました。アイヌはかつて四島に広く分布していました。その証拠に日本中の地名にアイヌ語に由来する名称が残っています。たとえば、「富士山」は一夜にしてそびえ立ち、代わりに今の「琵琶湖」という陥没を引き起こしたと伝えられますが、富士山の「ふじ」はアイヌ語で「火」を意味します。アイヌ民族では「火の女神」は身近な神であり、火、太陽、風、星、海など自然現象を原始的な形で崇拝します。動物では熊が崇拝の対象であり、儀式の際に食べ頃のやわらかい熊の肉を食べます。書き言葉はなく、アイヌの歴史はすべて話し言葉での伝承です。漁業や牧畜に従事し多くの牛を育てています。

北海道は二番目に大きい島で他の三島とは外国ほどの大きな違いがあります。日本は人口過密ともいえる土地が多いのですが、北海道は広々としています。北海道の人口は日本の総人口のわずか五パーセントで、総耕作地の二一パーセントを占めています。大雪山国立公園は日本最大の国立公園で面積が約二三万ヘクタールもあります。石狩川は全長二六八キロで日本海に注ぎ、日本で最大級の河川です。広大な森林地帯、大規模な酪農場や羊農場、豊かな漁場、そして火山と温泉がいくつもあり、贅沢なほど広い土地と豊かさに恵まれています。気候も温和な本州や亜熱帯に近い九州に比べると、カナダの気候によく似ていて、他の三島とはちがいます。北海道は観光客にとっても入植者にとっても恵まれた土地ですが、今も変化に富む広大な土地を求める人びとや、この土地を大きく変えようと思ってやって来る人びとは多くありません。

しかし、北海道にももちろん近代化はあります。アメリカ人技術者や農業専門家が協力して広大な野生の土地を森林保護区や近代的な農場に変えています。なかでもアメリカ人教育者は北海道の若者の教育に力を注いでいます。アメリカのウィリアム・S・クラーク博士は北海道大学の起源である札幌農学校での業績がよく知られ、札幌市から空港へ通ずる道路の中間点あたり（北大の構内）に博士の栄誉を称えた高さ約四・五メートルの花崗岩の像が建てられています。台の上に歳月を経て緑青で緑色になったブロンズ板があり、髭を生やしたクラーク博士の像があります。一八七七年四月一〇日の日付とホレイショ・アルジャー*の言葉「少年よ、大志を抱け」が添えられています。これはクラークが北海道を去るとき悲しむおおぜいの生徒に囲まれて最後に残した言葉であるようです。クラークの生徒ですから大志を抱く少年たち〈だった〉と思いますし、その少年たちの子孫は国家の指導的立場に就きました。しかし、北海道の人たちはなかなか変化を受け入れたがりませんでした。

長崎の思い出

四島のうち最南端にある九州の人びとも漁業と農業に従事していますが、かなり違います。九州人はもちろん近代化によって開放的です。北海道とちがって、九州は長い間海上航路になっていました。四島のなかでも九州は変化に富み、私は九州が大好きです——それに私は人生で二回九州に長く滞在したことがあり、二回目はごく最近でした。九州人は暖かく、人なつっこく、熱血なところがあります。九州弁は日本語でもアイルランド語のような訛があり、男でも女でも言葉の特徴や舌のもつれ方で必ず出身地が言い当てられるのです。

九州は温泉が有名で、なかでも別府がよく知られています。別府温泉の主要な六湯は「地獄」と呼ばれています。煮えたぎる泥、熱湯、深さ一二〇メートルもある湯、ワニがうようよいる池、血のように赤い池、熱く噴き出る湯が見られます。ここは地下六〇～九〇センチにある熱湯の海に浮かんでいるからです。別府にも砂湯があり、熱い砂のなかに首だけを出して埋まります。

九州には福岡と長崎の二大都市があり、福岡は公園と神社とお祭りが有名です。長崎は九州の主要な港で、私たちが上海で下船する前の最後の寄港地だったので私は幼い頃からよく覚えています。当時はとても小さい町で、干し魚や古い倉庫や土蔵と呼ばれる建物の匂いがしていました。私が幼く、父の骨張った大きな手を握りしめていた頃、幼い足では石畳の道は歩きにくいのですが、長崎では必ずカステラを買ってもらうので一生懸命に歩きました。プッチーニがオペラ『蝶々夫人』を書いたか、構想を練ったかした家を見学しました。

この街には思い出がいっぱい染みついています。両親は長崎の山奥の竹藪に囲まれた寺で夏を過ごしたものでした。ある年の夏、私が生まれる前でしたが、中国へ帰る途中で生後六ヵ月だった姉のモードが死に、上海のキリスト教墓地に埋葬されました。そして前述のとおり、中国の共産主義者から逃れてすごしたのも同じ長崎の山のなかでした。その当時と、何年か後と二回の世界戦争があり日本は両方の当事国でした。第二次世界大戦末期に長崎に原子爆弾が投下されました。昔の美しい港の一部は破壊され、現在はいちおう再建されました。『蝶々夫人』の家は

ホレイショ・アルジャー：一九世紀アメリカの小説家。

まだありますが、住人のいない部屋を観光客がどかどか歩くのでうす汚れています。

最後に長崎を訪問したときは辛い思いをしました。私は原爆の投下地点に建てられた記念碑を訪れました。男も女も死者に捧げる花輪を持ち、立ったまま頭を垂れていました。私たちは静かに黙禱を捧げるのみでした。後悔の言葉を弄《ろう》して何になるでしょうか。

昔の面影はなくなっていたのは言うまでもありません。旧友を訪問した日の午後、昔の思い出が蘇りました。その女性は若いとき『蝶々夫人』のように美しい人でした。オランダ商人と結婚し、夫は彼女のために長崎湾を見下ろす立派な家を建てました。夫人は夫とともにヨーロッパに渡り、夫は仲間に妻を自慢しました。ところが、夫が他界してから家は荒れるに任せ、夫人は昔の面影を胸にしまったまま一人で暮らしています。私にお茶を入れてくれました。二人でひびの入ったカップでお茶を飲みました。テーブルクロスは古びたブリュッセルレースで繊細な縁取りがあります。私たちはがたがたするベランダで手入れされずに荒れ放題の庭を見ながら昔話をしました。あの頃とはすっかり変わりました。

でも、都市から出ると、九州には昔とちっとも変わらないところもあります。気候が温暖で、田舎は緑の丘といい、青々とした棚田といい昔のままです。目新しいのは学童たちで、全員が洋服を着、ランドセルを背負って肩から水筒を下げて通学するところでした。学童は都市でも田舎でも目につき、子供たちは大切な国の宝だと考えられていることがよく分かります。

山奥も変わりません。私は温泉地の雲仙に行こうとして、昔のままの曲がりくねった危なっかしい道を自動車で登って行きました。雲仙の郊外で、峡谷を一つ越えた山の中腹に、私たちがかつて疎開していた小さい民家が建っていました。全体が木造で、正面に障子があり、障子を開けると家の奥の森まで見通せます。私のキッチンは裏のベランダにある土の壺で、炭をおこします。ベランダの奥には小さい風呂場があって、木の風呂桶のほかは何もありません。ある朝のことです。お風呂に入っていたとき、たまたま浴室の外壁の節穴に目をとめると、黒目がじっとこちらを見つめているではありませんか。節穴に人差し指をぐいっと押しつけると目は引っ込みました。服を着て外に出るとその目の持ち主がいました。カニを売りに来た老婆でした。二人で声を上げて笑い、老婆はお愛想を言いました。老婆はこれからも変わらないであろう日本人であり、九州の田舎や村には似た人がまだまだいます。

ロケ地「小浜」と、雲仙の大事な思い出

二、三年前の話ですが、私は四ヵ月間小浜の町*で楽しくすごしました。日本風の旅館に泊まり、米や新鮮な魚やカニを食べて日本の生活を満喫しました。小浜を知らない人は日本の大事な場所に行きそこなった人です。行楽地のようでいて派手な場所ではありません。健康に良い温泉があり、ホテルには源泉が引かれています。私の部屋には大きなベランダがあり大温泉プールが見下ろせました。階段を少し降りたところが専用の豪華な浴室になっていて、タイル張りの床に小さめのお風呂がありました。日本人には常識ですが、日本ではすぐ湯ぶねに入りません。入る前に身体をきれいに洗います。石鹸とブラシと手桶が手元にあり、桶で湯ぶねの湯を汲み石鹸を洗い流します。そうしたらお湯に入れます。ただし、お湯はかなりの熱さです。

小浜の町：パール・バックの小説『大津波』を原作とする日米合作映画「大津波」のロケが、小浜の町で行われた。

長い一日の仕事を終えたあと、熱いお湯に浸って疲れをすべて洗い流すというのは何という心地よさでしょう！風呂から上がると部屋で一人きりの静かな夕食をとります。箸とお椀が据えられたお膳、ご飯の入った漆器、小さめの魚か大きなカニ、丁寧に調理された野菜が並びます。座敷に座るときれいな着物を着た小柄な仲居さんが膝をついて給仕してくれました。食事がすむと仲居さんはお皿を下げ、食卓を片づけ、そのあとで押し入れから敷布団と掛け布団を取り出しました。ベランダの外から笑い声やプールの水しぶきの音が聞こえます。別の機会の一人旅ではなかったときには、泳いでいる人たちの叫び声や笑い声が気になりましたが、今は気になりません。すぐそばで人の声、とくに陽気な声が聞こえるのを心地よく感じました。真夜中、泊まり客が就寝したあとで二、三人の若者たちが裸で泳いでいました。寝付かれないときは起きて若者たちを見ていました。月明かりの下で若い華奢な身体はとても美しく見えました。

ほんとうは雲仙を再訪したときのいちばん大事な思い出を語りたいのです。雲仙の人たちは友人を忘れない素晴らしい人たちです。ある日の午後でした。私は行こうと決意しました。三〇年以上前に中国の共産主義者から逃れて日本へ来たとき、雲仙の小民家で暮らしました。

もう一度そこを訪れて記憶を新たにしたかったのです。親切な日本人が同行してくれました。小型車を借り、向こう見ずな若い運転手は曲がりくねった細い山道を疾走しました。窓から山々が見え隠れし、道を曲がるたびに下の方に海がちらちら見えました。雲の上の天国のような雲仙は標高七〇〇メートルほどの高地にあり、最も高い山は一四八三メートルあります。周辺一帯は国立公園になっていて春はツツジ、秋は紅葉、そして見事な杉林が有名です。猛スピードでカーブを曲がる車から見た風景は相変わらずきれいでした。ですが、雲仙そのものは驚くほど発展していました。私の記憶にある雲仙は温泉の湯けむりや無数の岩の割れ目から噴き出す蒸気に囲まれた小さな村でした。よく日本人観光客といっしょに自然の大釜で卵をゆでたりご飯を炊いたりしたものです。三〇年後、雲仙は近代的な保養地になっていて大ホテルが空と近代的な道路をバックにいくつもそびえています。

私は迷子になり、あの渓谷と松林のなかの民家へどう行くのか分からなくなっていました。ちょうどそのとき若い女性が通りかかったので道を尋ねました。

「一九二七年に中国から疎開して来たアメリカ人一家のことを、誰か知っている人はいませんか」

女性は驚いた様子もなく、

「ええ、いますよ」

と明るく答えました。

「私の祖父が知っています」

女性は祖父に引き合わせてくれました。小柄で身の軽い老人は谷に案内してくれました。昔と同じようにぐらぐら揺れる橋を渡ったところに民家はありました。空き家で入れないようになっていましたが、確かにこの家でした。私は心ゆくまでこの場所にいて永遠の別れを告げることにしました。

別れ際にお礼に少しばかりのお金を老人に受け取ってもらおうとしました。老人は受け取ろうとしませんでしたが、どうしてもと言われてしぶしぶ受け取りました。しかし、彼には彼の流儀がありました。日本人はよくそうします。町を立ち去ろうとするとき誰かが私たちの車を呼び止めました。さっきの若い女性で、包みを持っていました。

「祖父がお煎餅を持っていってもらいたいとのことです」

女性は息せき切っていました。

「お子さんによく買っておられたとか」

だいぶ前のことですっかり忘れていましたが、思い出しました。ぱりぱりして美味しいお煎餅を買ったのは本当でした。それをあの老人は覚えていたのです。日本人ってすごいなと思います。

四国の人形浄瑠璃「文楽」と闘犬

四国にも思い出があります。個人的な縁はあまりないのですが良い思い出です。四島のなかでいちばん小さいこの島には住んだことはありませんが、小島が点在する瀬戸内海を定期船で渡ったことがあります。船は大阪と神戸から出て穏やかな海を縫うように進み、荒々しい魅力を堪能しました。日本には至るところに自然の美がありますが、この国を知りたい人や娯楽と仕事の両面で日本人を知ろうとする人には、四国はとくに興味深いところです。

瀬戸内海の旅は素晴らしいの一語に尽きます。無数の小島が東西四五〇キロの海上に点々と浮かび、瀬戸内海国立公園という巨大な海の公園になっています。島々を往復する定期船や小型漁船が通るたびに鏡のようになめらかな水面にさざ波がたち、靄《もや》に縁取られた海岸や紫色にかすむ山々の頂を映しています。船上では日本人が観光旅行するときにきまって見せる独特の仲間意識が目に映ります。デッキの手すりに並んで笑ったり、お喋りしたり、美しい白浜と緑の松の木立がある細長い土地を指さしたり、自分たちの島の美しさを自慢げに語ります。全くそのとおりで四国は美しく独特《ユニーク》です。

有名な人形浄瑠璃「文楽」は四国で生まれました。高さ一二〇センチぐらいの人形を巧みに操って身体、四肢、両手、頭部、口、両目そして眉まで動かします。三人掛かりで一体の人形を操るので動く部分はたくさんあります。人形遣いのほかに大夫が芝居の情景を解説し、三味線の音曲が雰囲気を醸し出します。ところが、人形浄瑠璃は四国や周辺の島々では上演されません。文楽が常時上演されているのは本州の大阪です。人形浄瑠璃を上演するのは文楽座だけで、ときどき日本各地で旅公演が行われます。

四国には闘犬もあります。日本人が大好きなものの一つに相撲がありますが、闘犬も髷《まげ》を結って回《まわ》しを締める相撲取りに似せて飾り付けられます。四国は闘犬で有名ですが、犬は人間を対象にせず犬同士が闘うように飼育されます。日本人は異種のもの同士を闘わせるのを良しとしません。

ここでは「尾長鶏《おながどり》*」と呼ばれる尾の長い雄鶏が有名です。尾の長さが六メートル以上もあり、美しいけれども非実用的な尾を持つ鶏のことです。ふつうの鶏とやや珍しいキジとの雑種です。美を愛する日本人はこの素晴らしい鳥を国宝として珍重しています。尾長鶏は闘いません。豊かな尾を持ち上げるにも三人掛かりで助けてあげないと動けません。尾長鶏は美しさを鑑賞するためにだけ育てられます。

国際都市「東京」

瀬戸内海を渡って北の本州は四国とはまったくちがい、世界的に有名な首都、東京があります。今日では多くの人

尾長鶏：ニワトリの品種の一つで、おながどり（尾長鶏。尾長鳥）、長尾鶏《ちょうびけい》、長尾鳥《ながおどり》（鶏）とも呼ばれる。特別天然記念物。江戸末期にニワトリから突然変異で生まれたと伝えられる。パール・バックが「ニワトリとキジとの雑種」と記述した理由は不明。

がパリやロンドンと同じように東京を訪れます。私の若い頃の東京は、港のある横浜や商業の中心である大阪ほど賑やかではなく、遠いところという感じでした。当時フランク・ロイド・ライトが帝国ホテルを建て、建築様式と泥の海の上に松の杭を打ち込む基礎工法について議論が沸騰していました。それが近代的で珍しいと考えられ、世界が驚きました。現代の東京では古めかしく見えます。しかし、旧帝国ホテルは地震にも戦争にも耐えて生き長らえました。

今日の東京は新参者にはショックです。騒々しく、人間が多く、新しくて喧しく、広さでも人口でも世界最大の都市であり、まだまだ発展を続けています。空襲でほとんどが破壊されたあとに、日本本来の古さと新しさがほどよく調和した美しい都市を計画的に築けなかったことが惜しまれます。戦争中に東京が激しい空襲を受けたのは、爆弾が特定の工場ではなく東京の至る所の家庭で製造されていたからでした。各種の部品がいろいろな場所で造られ、規格もまちまちだったので、製造者でさえ何をつくっているか分からなかったほどでした。作業が分散されていたので攻撃目標を絞れず全域が空襲に遭いました。

理屈の上では以前のとおりに設計し再建することはできたでしょう。しかし、戦後、経済的な必要から商店や会社がひと晩のうちに建つほどの勢いがあったので、外観の美はおろか便利ささえも配慮されませんでした。平常の状態に戻ることを急いで人も経済界もできる範囲で再建したのです。その結果、だらだらと広がる大都市には名無しの道路も多く、超近代的なものと旧いものが優劣を競うという大混乱が生じました。現代的なホテルにも古風な旅館にも宿泊でき、世界最大級のデパートでも買い物ができるし、歴史の古い茶道で緑茶をいただくこともできました。欧米の大都市と同じように一時間もドライブすれば、大都市から離れて昔ながらの田舎を目にすることができます。

昔のままの田舎を見つけるほうが東京で所番地を探すよりもはるかに容易《たやす》いということは言えます。前述のとおり、ほとんどの道路に名前が付いていませんし、大変なのはそれだけではありません。番地のない家屋も多いのです。番地のある家屋でも続き番号ではなく建築された順番であることが多いのです。ですから、ある通りの――通りもでたらめに曲がりくねっているのがふつう――三番地が五七番地の家の隣にあることがあります。そして、どの地区でも二番地は一番地から二キロ近く離れていることがあります。戦争のためではありません。昔からそうだったのです。ふつう日本で人を招くときは自動車を迎えにやります。そうでなければ、おおざっぱな目印を記した詳しい地図を送ってタクシーの運転手に見せるよう助言します。タクシー運転手は地図を一目見て自信たっぷりに騒々しく走り出し、全速力になったとき後ろを振り向いてにっこり笑いながら次の目標はどこですかと尋ねて来ます。そこで乗車中は走ったり止まったりをくりかえし、町角で楽しい会話がはずんだり、行き方についての議論が始まります。交番の警察官、配達中の郵便局員、商店主、主婦、自転車で通りすがる人、帰宅途中のサラリーマンなどみんなが道を教えてくれます。ついに目的地に辿り着きました。遅刻しても暖かい出迎えを受けます。誰も驚きませんし、気にする人もいません。誰もが東京の町のわかりにくさを知っていて、それを妙に誇りにしているようなところがあり、東京の特徴でもあります。

警察官はじめ日本の公務員は一様に礼儀正しいと言えます。ひどく骨の折れる環境でも礼儀正しくて丁寧だと私はつねに思って来ました。今や一〇〇〇万人の人口を抱えておおぜいの旅行者が訪れる東京にあって仕事は楽ではありませんが、彼らの辛抱強さは尽きることがありません。

東京の全体的な印象は国際都市であり、現代的な大都市です。東京の人は生き生きして、忙しく、豊かで、身なりもきちんとしています。私は戦前の日本もある程度知っていますが、日本人は着物を着て下駄を履いていました。現在は洋服を着て革靴を履いており、着物と下駄は私用か公式行事に使うものになりました。東京にはあらゆる娯楽と産業があります。道路にはタクシー、バス、自転車が溢れ、速さが求められます。東京は忙しく鼓動する大きな心臓であって、動脈に国家と国民という血液が流れています。

III

日本的特徴の形成

日本人とは何者でしょうか。日本人は複雑であり、人種のるつぼで、アジア大陸の北方とマレーシア近辺の島々を起源とする多くの民族が混じり合い、長い時間をかけて日本民族としてまとまり、固有の文明を発展させました。日本人は島嶼民族なので島国根性が発達しました。島嶼民族はどこでもそうです。イギリス人でさえそれから逃れられませんでした。しかも、イギリスと大陸を隔てているのは狭い海峡ですが、日本と隣国の韓国を隔てているのはその六倍もある広い水域です。

大陸民族の間にも個性があるのですから島嶼民族にもあります。イギリス人と日本人の間には、大陸民族の中国人とアメリカ人にあるような類似点があります。言い換えれば、アメリカ人は、共産主義は別にして、日本人やイギリス人よりも中国人に似ているということです。生きる姿勢にしても島嶼民族と大陸民族ではちがいます。同時に、島嶼民族は大陸民族よりも控えめですが平静さでは劣ります。独断的な言い方ですが、歴史が証拠だと考えています。拡散できる余地があるという事実は平静さを育みます。自然は大陸の方に優しい。少なくとも攻撃や嵐から逃げるチャンスがあります。つねにどこかに行く場所があります。

それと同時に、矛盾しますが、島嶼民族は船乗りであり、拡大志向でもあります。島嶼民族の視野は狭く、狭い土地に閉じこめられているのでどうしても動き回らざるをえなくなります。帝国の領土は人びとを誘惑します。確かに帝国はイギリスと日本を誘惑しました。日本は一六世紀にアジアの帝国、とくに中国を夢想しました。豊臣秀吉は中国を征服しようとして木造の大船団を派遣したいと天皇に許可を願い出ました。勝利を遂げた暁には見返りに中国の総督にしてほしいということだけを求めました。秀吉にそんな大それたことができたかどうか分かりません。秀吉の遠征軍は途中で朝鮮の李（舜臣）将軍に滅ぼされたからです。李将軍は鉄の装甲を備えた初めての軍用船を工夫したり、火のついた矢を穴から射る戦法で日本の船団を滅ぼしました。

日本の野望は一八九四年（明治二七）に中国侵略という形で再び吹き出しました。日清戦争ではロシアが仲介者となり、中国の沿海州と良港ウラジオストクを報酬として要求しました。第一次世界大戦で日本は連合国の一員として、ドイツが中国に領有する土地を手に入れて中国大陸に足掛かりをつくりました。その後、いかにも日本人らしい決意で再び帝国を目指し、第二次世界大戦前に満州を獲得しました。端的にいえば、日本の目標と野望は島嶼民族という特徴にありました。団結が固く島国的な社会なのに拡大せざるをえない民族的特徴です。

しかし、日本人は地理的な位置以上に孤立してきました。時の政府の鎖国政策によって三百年間近く孤立してきました。これも島国の特徴です。島嶼民族は攻撃されても逃げ場がないことを知っているので、見知らぬ人間が入って来ないようにする傾向があります。日本人は訪問客を見事な作法で迎えますが、おいそれと家の奥や生活のなかにまで入れません。私は子供の頃そのことで人知れず悩みました。日本人の子供たちは優しくてとても可愛いのでもっと仲良くなりたいと思いました。大人になってやっとその理由が分かりました。引っ込み思案に見えたのは、日本人特有の恐れと決意の所産だったのです――がむしゃらに侵略する西洋に対する恐れと、他のアジア諸国のように呑み込まれてはならないという決意です。

アジアにやってきたヨーロッパ人

具体的に申し上げます。今日、アジアの人びとが私たち欧米人に見せる不信感を私たちはなかなか理解できません。とくにアメリカ人はそれに心を痛めています。私たちアメリカ人は贈り物をし、宣教師を派遣し、援助に資金を注ぎ込み、食糧を送り、技術指導や貿易の手を差し伸べたりしています――それなのに、一般的に言って、アメリカ人はすべての民族のなかで最も嫌われ、恐がられています。

なぜか。歴史を知れば驚くに当たらず、疑問さえ湧きません。答えは歴史にあります。数百年前ポルトガル人、スペイン人、イタリア人、オランダ人、フランス人がアジアにやって来ました――すべて白人です。船で交易を求めてやって来ました。ヨーロッパ人にとってアジアとの交易はなくてはならないものでした。アジアの香辛料が必要でした。香辛料には食物を長持ちさせる特徴があり、香辛料がなければヨーロッパ人の食生活に欠かせない肉はすぐに食べられなくなってしまいます。昔から中近東を経由する陸路の貿易ルートがありましたが、イスラム教徒が地域を支配してから陸路は使えなくなりました。そこで海路の発見が必要になり、最初にポルトガルがアフリカ大陸を回ってインドに到達しました。

他のヨーロッパ諸国の船も次々とアジアにやって来ました。アジア諸国は侵略に対する備えがなく、やがて外国勢力に支配されたことに気づきました。初めは必ず貿易が目的でした。農耕の遅れたヨーロッパ人にとってアジアは宝庫でした。しかし、貿易商は土地の事情に疎《うと》いうえに、アジア諸国の政府は協力的ではありませんでした。さらに、法律も東と西ではちがいました。ヨーロッパの法律で犯罪に該当しない罪で死刑に処せられることは、ヨーロッパ人やイギリス人には到底受け入れがたいものでした。ヨーロッパ人はアジア人の法に縛られる必要はなくヨーロッパで裁かれるべきであると主張しました。そのため現在では外交官のみに与えられる免除が早くから慣例となり、最終的にはアジアに滞在するすべての白人の権利になりました。この免除は治外法権と呼ばれます。それは白人は何でもしたい放題にできるということを意味し、実際その通りにしたので、何百年間も白人に対する憤りが積もりに積もって今日でも歴史の名残として残っています。

法律を無視しても構わないとなれば、力ずくで貿易が行われることになりました。イギリスは中国と三回戦争し、三回とも勝利して、中国政府の意に反して中国人にアヘンを売るようになりました。勝利のたびに賠償と租借地という名目で土地を獲得しました。インドはイギリスの、インドネシアはオランダの植民地となり、またフランスはベトナム、ラオス、カンボジアから成るインドシナの支配権を中国から奪って植民地としました。現在アジアのこの地域でアメリカ人に向けられる敵意はそういう出来事の直接的な結果です。私たちアメリカ人は主に白人であり歴史の重荷を背負っています。

そのことが現在の日本人と何の関係があるか。大ありです。それは日本がアジアで外国勢力の支配を受けなかった唯一の国だからです。これは二つの大きな影響を及ぼしました。一つは、日本が鎖国をして独立を守ると決めたこと。二つ目は、日本が軍国化を急いだことです。日本は自由を守るためには、防衛のみならず侵略も必要だと考えました。ですから、日本が世界の国々との交流を絶ったのにはそれなりの理由がありました。宗教をはじめとして、あらゆる領域の冒険者たちが日本へやって来て魅せられました。宣教師聖フランシスコ・ザビエルは日本人はアジア諸国のなかで最も興味深く愛すべき人びとであると述べました。つねに外国人に興味を抱く日本人は見知らぬ訪問者を歓迎し、長年暖かく接しましたが、終いには宣教師は人びとの心と精神を奪い、貿易商人は経済を牛耳って自分たちの国を乗っ取るものだということを知りました。そこで彼らはアジア諸国と国内を調査して災いの前兆に気づきました。幕府は国の門戸を閉じ、一握りの貿易商を残して宣教師や貿易商などすべての外国人を国外に追放し、入国を禁じました。遭難して流れ着いた外国人も手っ取り早く処刑しました。

日本人の二面性

日本は鎖国と同時に自国民を守るためにアジアの強国にならなければならないと決心しました。誇り高く独立心旺盛な日本人は厳しい軍国主義的制度を奨励しますが、熱狂的な愛国心も育みました。日本の二重構造の根はここにあると思います。一六世紀の秀吉の熱狂的な夢に始まり、一八九四年の日清戦争、一九三一年の満州事変、そして第二次世界大戦の終結まで一貫して日本は閉鎖的なのに攻撃的、情け容赦ないのに規律正しく、残酷なのに詩的で美を愛する国でした。

こうした二面性は予測不可能な地震、台風、津波など突然の災害といった自然がもたらす脅威によって深まります。こういう条件の下で人は確かに引っ込みがちで、諦観と物憂さを身に纏い、ほっとした時はヒステリックなほど陽気です。かくして、内向きで、寂しがりやで、悲観的な人生観を持つ国民性の所産として三つ目の、最も重要と思われる孤立が生まれます。問題は、地理的、歴史的孤立がこのような国民性を生んだのか、それとも、国民性が歴史の展開、少なくともその一部を誘発したのかという点です。私の結論は、旅行の仕方が多様化する近代以前の数百年間はどうしても地理的に孤立が避けられなかった上に、火山の噴火、津波や台風など絶えざる危険に晒されてきたために孤立化は日本人の精神と心に深く影響を及ぼしたということです。自然の脅威は人びとの心に絶望と凶暴性を生み、その反作用が芸術やある種の宗教的エネルギーだったのです。概していえば、日本の歴史は精神的孤立の歴史であり、精神的孤立があまりに深すぎてくりかえし国民的な閉所恐怖症に陥り、爆発して侵略したのです。

しかしながら、第二次世界大戦および現在の日本人を理解しようとすれば、今は終わっていますが、西欧帝国主義時代の日本人の視点で世界を眺めなければ公正といえないでしょう。現在の状況に至った理由は必ず過去に求められるものであり、私は日本のみならずアジア全域における現在の変化について、アメリカはどこよりも直接、間接に責任があるということを知りました。西欧列強がアジアへ侵出していた時期に日本が自ら選んだ鎖国は、一九世紀半ばのペリー提督と黒船の来航によって無理矢理に終止符が打たれました。

アメリカ政府は幕府に鎖国を終えるべき時だと強く迫りました。日本はアメリカの船舶に対する給水と燃料補給のために数港を開港し、船の遭難で日本に漂着したアメリカ人をいかなる場合にも殺してはならないと。黒船や凶暴だと評判の武器がその目的を達しました。その上、日本人には変化への気構えがありました。当時権力の座にあった徳川幕府は状況を把握しました。さっそく両国の慣例に従い、下田と函館の制限区域内で通商を行うこと、また、アメリカ側の外交官が日本に滞在し二国間で更なる合意を目指す旨を規定する条約が締結されました。

アメリカ人は日本人に波紋を起こしました。日本の統治者は二百年以上も鎖国を続けてきました。キリスト教徒が虐殺され、貿易商人は追放され、外国の書物は燃やされました。日本人は海の向こうで何が起きているか何も知らなかったのです。そして、ついに知ることになりました。

長い鎖国のあとの初めての両者の出会いは少なくとも表面的には大成功でした。アメリカ政府は日本の昔風の代表団にとんでもなく現代的に対応しました。日本のお偉方を音楽で歓待しました。陽気な黒人のミンストレルショー*を上演したのです。歌手やラグタイム*の踊り手にさぞびっくりしたでしょう。現代のルイ・アームストロングの

ミンストレルショー：白人が黒人に扮して行う演芸会。
ラグタイム：南部の黒人ピアニストがケークウォークというダンスのための音楽として作曲したピアノ音楽。

海外公演にびっくりするどころではなかったと思います。日本人は当時も今も芸者や相撲をとても喜ぶようです。日米ともにシャンペンや酒を賞味しました。ペリーは気をよくして何もかも首尾よく進展すると思いました。ペリーも他のアメリカ人も帰って行きました。

日本人は生まれて初めて自分たちとまったくちがう人種を見たのです。日本人は数世紀にわたって個人が中国や朝鮮を訪れ、他国の知識を持ち帰ってきたことは事実です。しかし、訪れたのはアジアの国々で、文化的にも日本人と繋がりがありました。アメリカ人は全然ちがいます。身体的にも目の色は青色、灰色、茶色、髪の毛は黄色、赤、黒とさまざまで直毛も縮れ毛もあります。身長も人により差があります。伝統文化はなく、決まり切った生活様式もない様子でした。個人の自由は無制限に見えました。とりわけアメリカ人は日本に近づこうとしていた当初は珍しい贈呈品を持って来ました。日本人が見たこともない武器が贈られました――ピストル、ライフル銃などあらゆる種類の銃器があり、もの珍しそうに大砲も受け取りました。電報、電信機器、写真機、楽器などを初めて目にしました。酒に馴れた日本人はワイン、ウイスキーなどのアルコール飲料にわくわくしました。西洋人の衣服を動きやすいと考え、とくに派手な軍服は気に入りました。なかでも日本人が気に入った贈り物は鉄道でした。ミニチュアですがエンジンと旅客用車両を完備したものです。汽車に乗るのは初めてでとても喜びました。それからわずか二、三〇年の間に鉄道は全国に広がりますが、山の多い地形にあって驚異的な技術的進歩です。日本人の鉄道好きは止まることを知らず、今日の鉄道と鉄道事業は世界で屈指の水準にあります。

もちろんこれには時間がかかりました。日本人は初めはミニチュアの汽車などに心を奪われましたが、アメリカ人の贈り物に不信感を持ちました。ペリーが帰ったあとでさえ、考え直したほうが良いのではないかと思い始めたのです。アメリカ人の振るまいにどこか節度が欠けていたと思う節がありました。日本人への尊敬がないことの証しではなかったのか。だとすれば、条約締結は日本人にとって良いことにならないだろう。他方で、条約がアメリカの富を増やすだけだとすれば、アメリカ人は条約から得られる利益があまりに多くて上機嫌だったということかも知れなかった。これも日本人にとって不幸なことになるだろう。板挟みは解消されないまま、西欧列強はアメリカ人の成功を知るやいなや最恵国待遇を要求し、苦悩はいっそう深まり反発が起こります。招かれざる客を始末してきた日本人は自分たちを困らせる外国人を攻撃しました。即座に報復があります。日本はあらゆることが必要でしたが、今や近代化によって軍備を強化する必要に迫られました。こうしてアメリカ人の来航は日本人の生活を変えました。誰もが変化を歓迎したわけではありません。とくに老人は平和な鎖国時代に戻りたいと願いました。しかし、遅すぎました。刺激や娯楽に馴れてしまったのです。人びとは外国人のことをもっと知りたくなります。アメリカの漫画に似た挿絵入りの新聞に近いものが現れて大人気になりました。

日本を伝統的な文化的孤立状態に戻したい攘夷派と開国派の争いのまっただなかで、アメリカ人外交官タウンゼント・ハリスはたいへん苦労しました。徳川幕府との交渉は思うとおりに進捗しません。交渉は遅れに遅れ、言い訳に次ぐ言い訳がくりかえされました。そうこうするうちに、ついに流れはハリスの望む方向に動き出し、一八五八年（安政五）七月二九日に条約を締結します。この条約で多くの港が開港され、外交領事特権は継続し、また、アメリカ人は日本の法の下ではなく本国の法の下で裁かれる特権が認められました。こうして日本人は何百年も抵抗してきた末に外国人の甘言に負けたばかりか、治外法権という厄介な条項も受け入れてしまいました。

横浜、長崎、函館の三港では貿易が活発に行われ、在米日本大使館が開設されました。他の国々との間にも条約が締結され、各国に日本大使館が開設されました。日本人はアメリカの侵略によって近代に引き込まれ、ついに世界に窓を開きました。あまりにも多くの変化が急激に展開し、一八六七年徳川幕府は政権の座を降り、政権は天皇に返還されました。明治時代の幕開けです。

保守反動の「尊王攘夷」のかけ声とともに過渡期の調整の時代が始まりました。夷《い》、すなわち野蛮人はまだ主としてアメリカ人を指していましたが、アメリカ人は思いのほか成果を挙げていました。港や通商以外の分野まで西洋、つまり近代諸国家に開放されました。目も心も開かれました。世襲の将軍に対する反乱を主導した封建領主の大名たちは、日本を治めるのは自分たち侍《さむらい》すなわち「刀を二本差す者」であると考えていましたが、明治天皇は自身の考えを貫きます。一連の大改革を通じて一八七六年には大名も侍も封建的権利を失い、政府の特権から除外されます。仏教の勢力が潰され、天皇家が遵奉する神道が再び日の目を見ました。

改革は国民の支持を得られないほど立て続けに行われました。しかし、明治新政府に対する反乱は即座に鎮圧され、異論はあっても政府はがむしゃらに近代化へ突き進みました。日本を近代国家にすることが目標でした。やがて将軍は廃位され、明治天皇が自ら統治することとなります。一八八九年に大日本帝国憲法が発布されました。国家における国民の地位が定められ、西欧諸国の憲法を詳細に研究した上で起草されました。こういうところにも日本人の単なる真似ではない天才的な応用力が発揮されました。憲法を起草した伊藤（博文）公爵は木戸（孝允）侯爵を通じてイギリスのハーバート・スペンサー*にも意見を聞きました。日本人が直面する諸問題とその対処についてイ

ハーバート・スペンサー：一八二〇年〜一九〇二年。イギリスの哲学者、社会学者。社会進化論で有名。

◀新派女優・朝丘雪路（東京の楽屋にて）

祖母と子ども（長崎）

青年

日本人は複合体であり、

民族の混合体であり……

写生中の女生徒(東京・明治神宮)

経営者(東京)

……さまざまな表情を映す

通行人(東京)

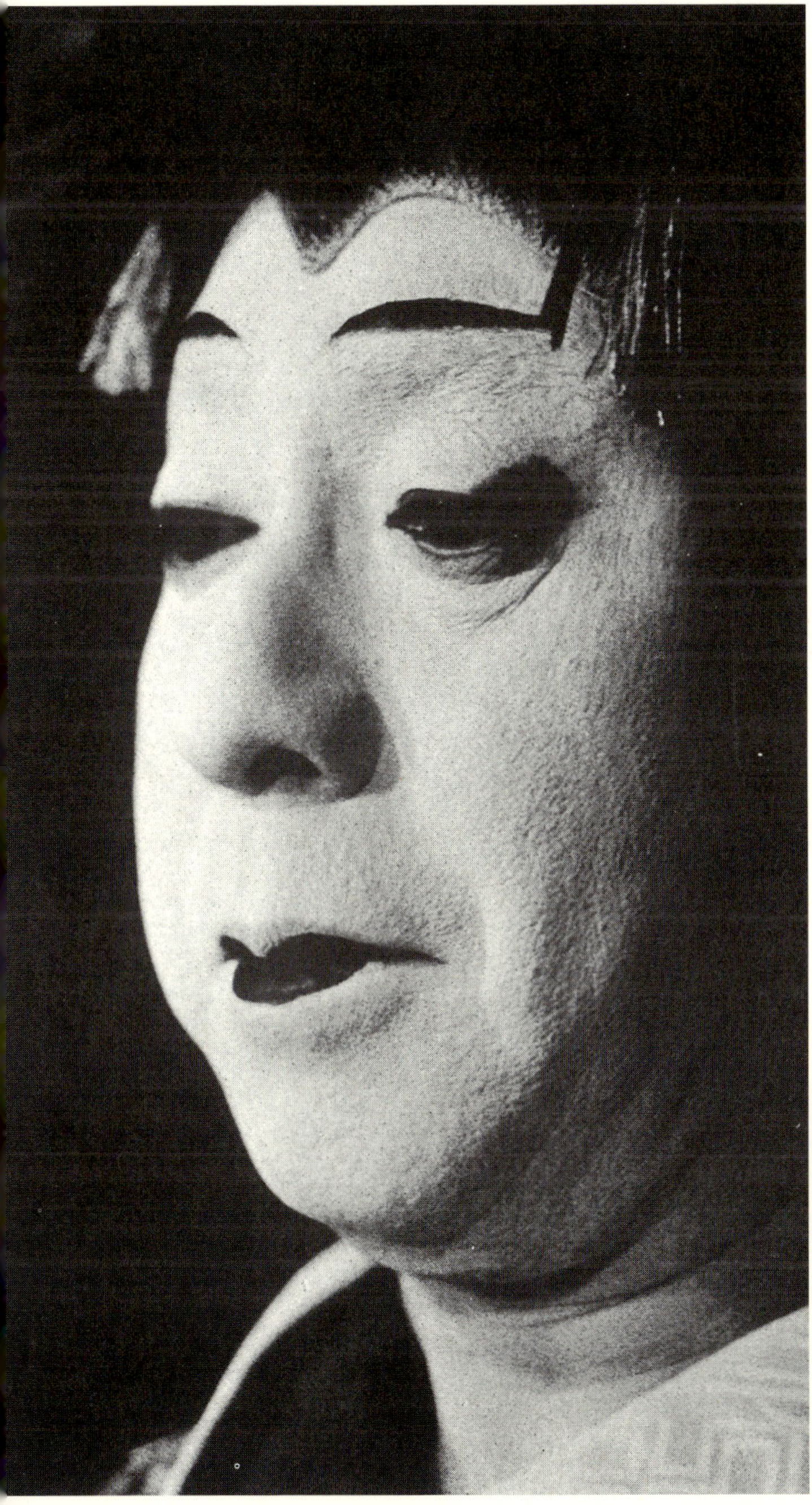

名優七代目尾上梅幸（東京の楽屋にて）

バスの停留所(青森)

小麦の収穫(北海道)

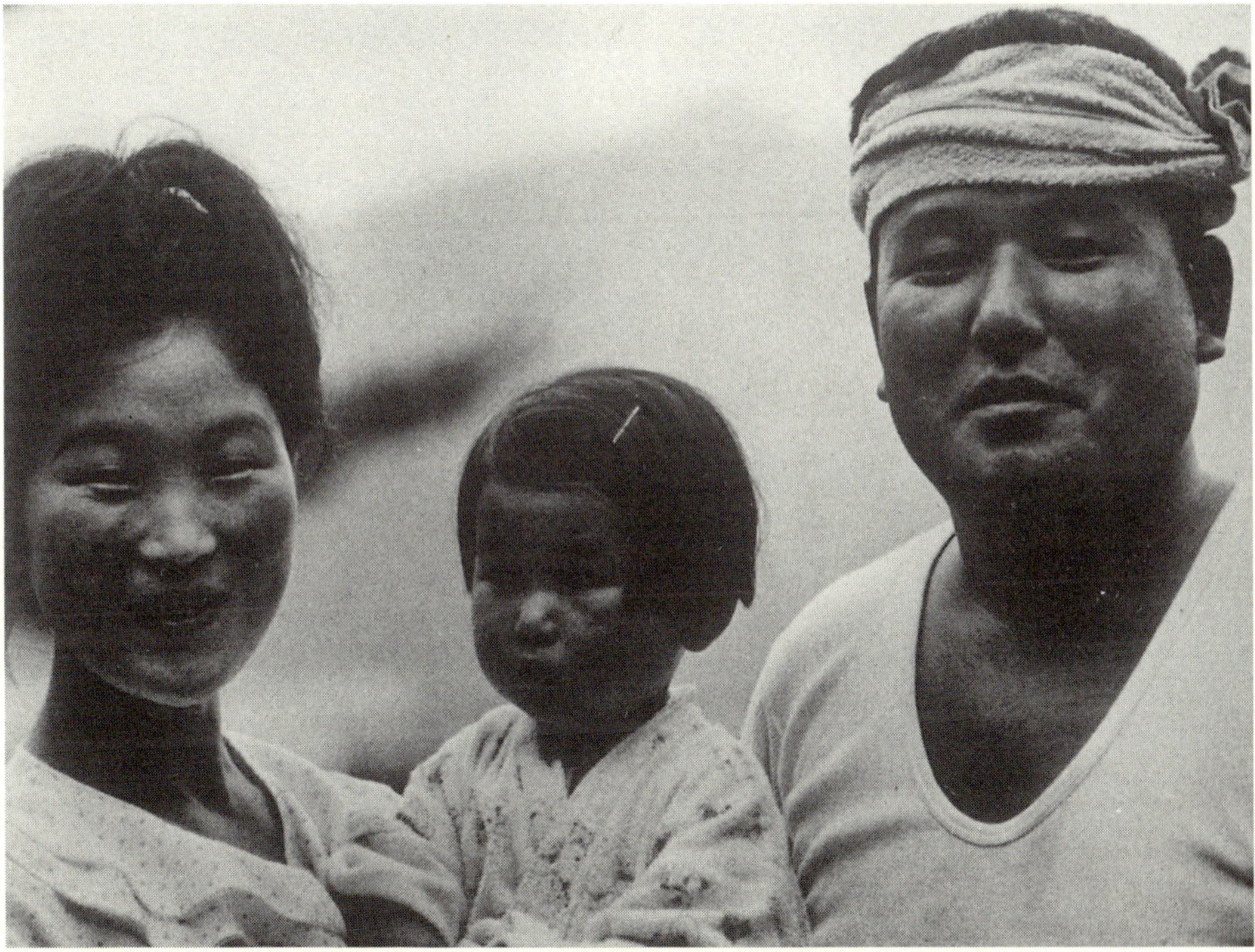
トラック運転手の一家(東北)

若者の表情には近代的〈欧米〉精神が現れている
——旧世代も影響を受けずにはいられない

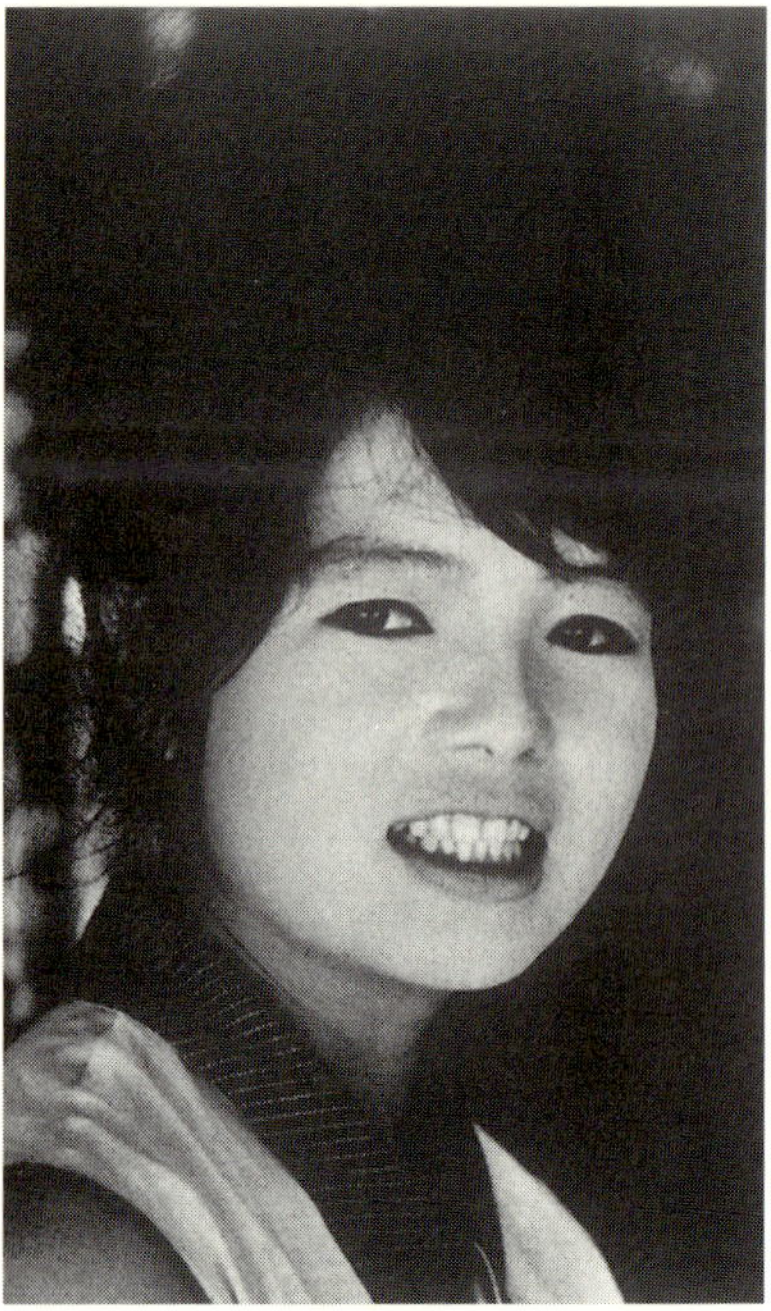

若い女性(東北)

明治神宮の門衛(東京)

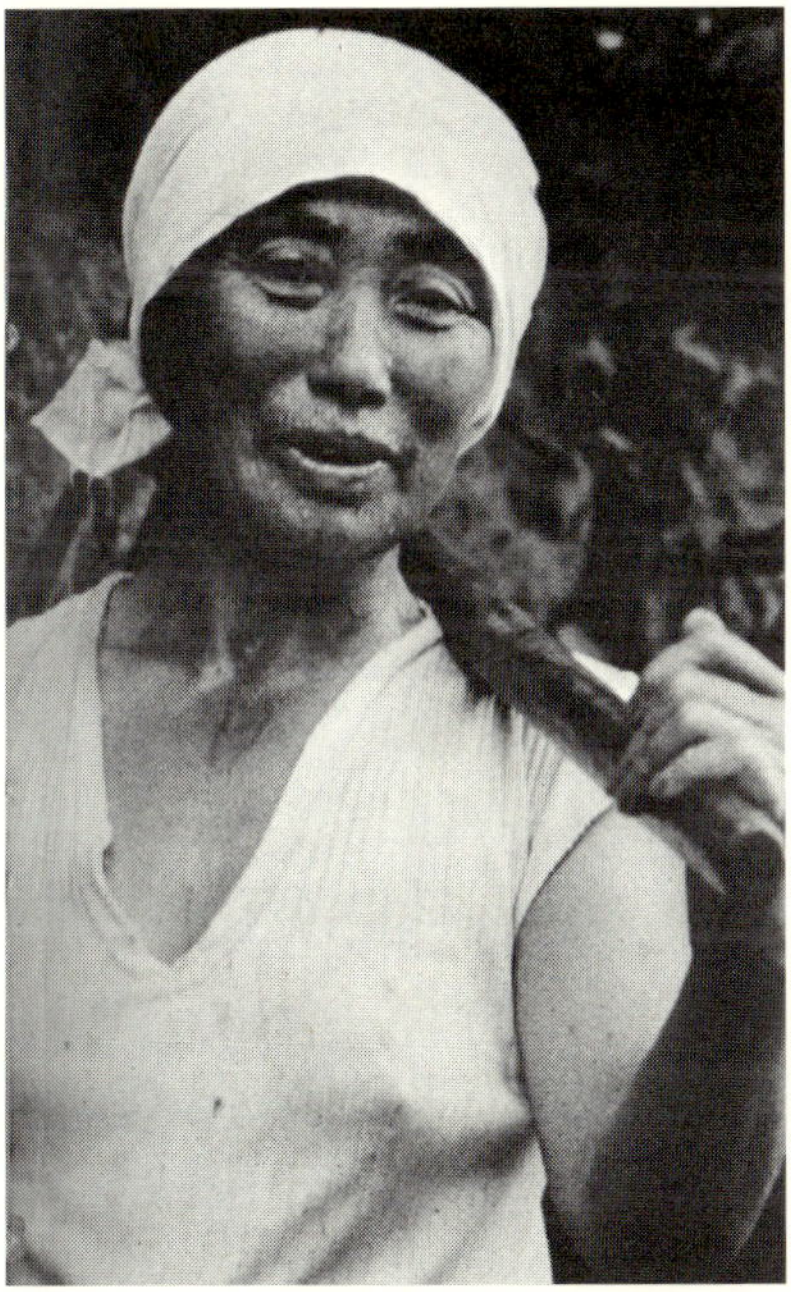

農作業中の女性

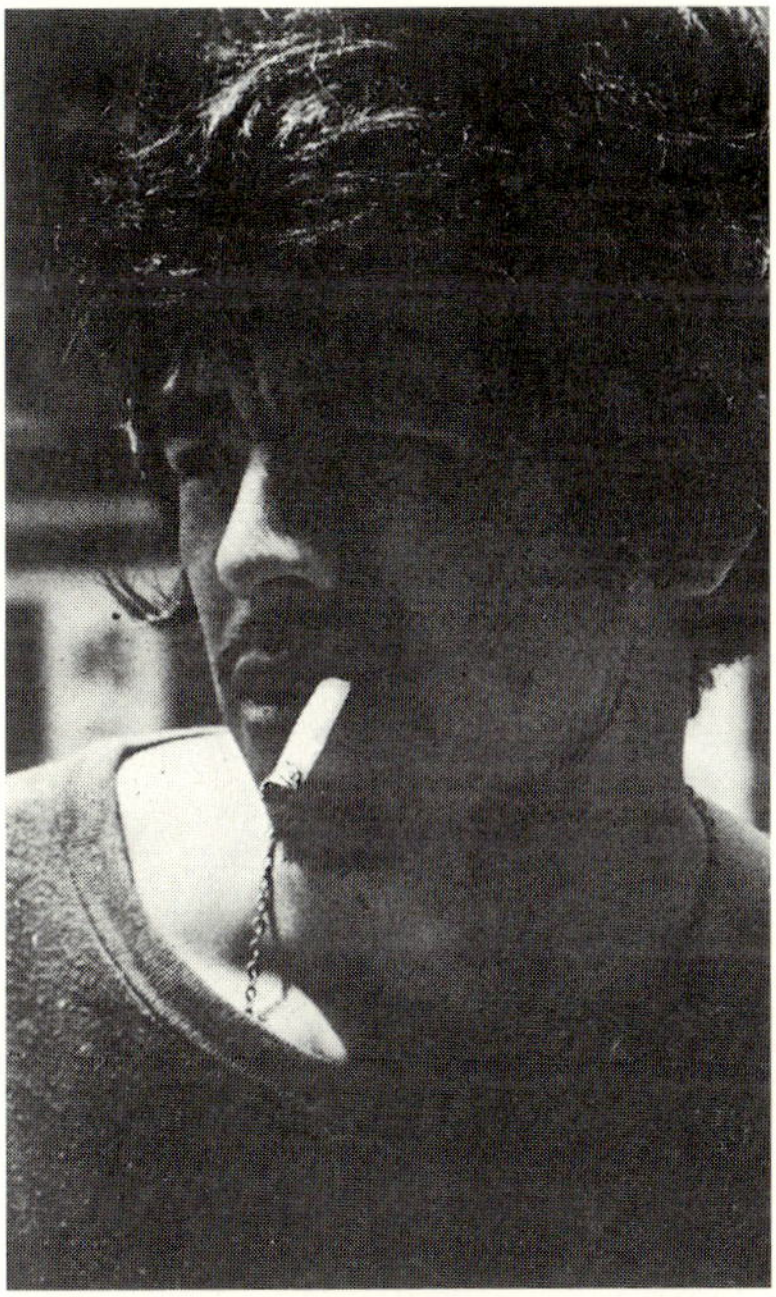

農村の青年

午後くつろぐ女性たち（東京）

現代の若者

デート中の男女（明治神宮、東京）

溝を掘る男（東北）

妹をおんぶする少年(東北)

公園で見た紳士（東北）

違いはあっても……

ピッチの樽をふさぐ真珠養殖業者

読書する少女

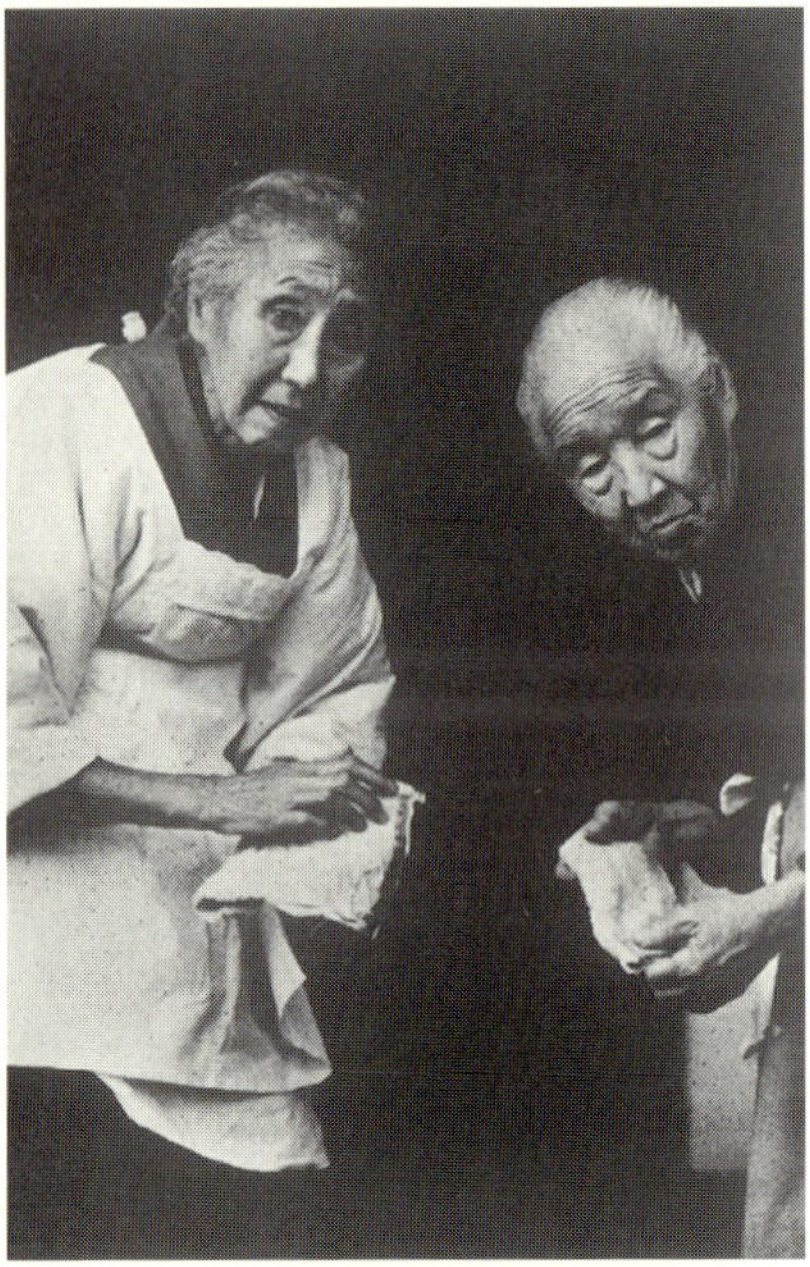

掃除姿(東京)

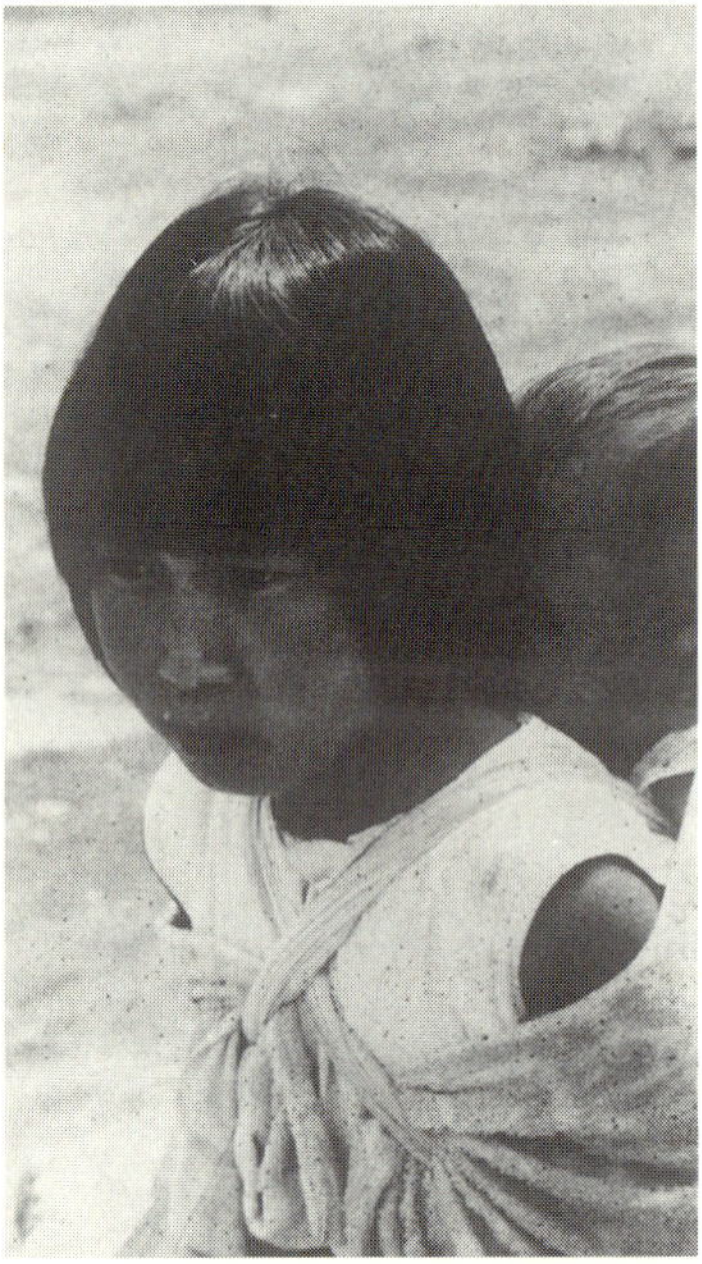

幼い弟をおんぶする少女(東京)

……老いも若きも祖国を深く愛すること、

家族の伝統を守ることで固く結びついている

ギリスの大哲学者の意見を求めたのです。スペンサーは、日本人は伝統的に上に立つ者に義理の意識が働く。この安全な統率力の下に、国民は個々の人格にかき乱されることなく前進できるだろうと答えました。

明治の政治家たちはこのような判断を歓迎し、政府は国家と国民の間の「身分をわきまえる長所」を揺るぎないものに確定しました。それは国家と国民はそれぞれの義務を有し、全体としてお上《かみ》の強力な支配に信頼して世論を無視するものでした。こうして日本は独自の伝統と文化に沿う近代化を遂げたと言えます。選挙は論外でした。一九四〇年まで国家の最高位にあったのは宮内大臣、総理・国務大臣、および天皇と国の印璽を管理する任を持つ内大臣でした。

しかし、このことは当時の日本人に自治が認められていなかったということではありません。集落、村、都市などには長たる者がいて人びとの福祉にかかわる事項を決定していました。地方の長《おさ》は伝統的な天皇支配体制にありながら社会の安定と一定の民主主義化に一役買いました。

大日本帝国憲法は、限られてはいますが国家と国民の間の法と共通の義務に基づいており、日本は近代的国際社会で新しい地位を確立しました。同時に、天皇と有能な顧問たちは、西洋の優れた科学的考え方を取り入れる際にアジア的な規範を融合して日本の復興に乗り出しました。日本人は近代国家の建設を目指して政府に忠実に従い、個人はお上の権威に従うという昔どおりの関係にありました。日本の進歩は荒野から一夜にして国家を築き上げていたアメリカ人と同様に驚異的でした。日本政府は社会のあらゆる階層に配慮しつつ国家運営に当たります。運輸、防衛、工業および農業の各分野で最も進んだ近代技術が確立され、学校も近代化されて義務教育が実施されました。明治時代末期には子供の九八パーセントが就学しました。アメリカよりかなり高い就学率です。

政府は実務的な考え方に立っていたため、日本の躍進は工業が重要な位置を占めたのは当然でした。日本には美しい棚田も見られますが、農地が狭いために産業振興がどうしても必要でした。人口は増加傾向にあり、限られた土地に人間が密集していました。それに対する唯一の回答は工業であり、政府の指導の下に全国で工業が芽を吹きます。間もなく、日本人は産業博覧会などを通じて自分たちが本当に近代的国民であることを示すことができました。

軍事大国への道

その後の二〇年間に日本は二度の戦争を行い軍事大国になります。初めは朝鮮をめぐる中国との戦争でした。日本は朝鮮を領有しないまでもせめて影響力を持ちたいと切望し、中国が朝鮮人に対して昔から宗主権を持つことに憤り、一八九四年（明治二七）、日本は中国の兵士輸送船を沈めて正式に開戦しました。日本は素早く遼東半島を占領し、次に旅順を手に入れました。しかし、フランス、ドイツ、ロシアが猛烈に抗議したため、日本は仕方なく遼東半島と旅順を返還します。国民は非常に怒りました。とくに数年後に同じ三国がその地を奪おうとしたので尚更でした。フランスは中国南部を取り、ロシアは旅順と遼東半島を、ドイツは有名な青島と膠州湾を我がものにしました*。

怒った日本は、手に入れたくてたまらない朝鮮におけるロシアの影響力拡大を見守り続けますが、朝鮮における日本の貿易は減少していました。ロシアが朝鮮の緯度三九度線以北を中立地帯とし、満州の南部一帯の通商および資源を独占すると日本に要求してきたとき、日本はこれ以上ロシアの拡張主義の脅威を堪え忍ぶことはできませんでした。日本はロシアとの外交交渉を断絶し、すぐさま旅順でロシア海軍の船を攻撃し、その翌日宣戦布告しました。一年六ヵ月間日本は勇敢にロシアと戦い常勝を続けたので、アメリカのセオドア・ルーズベルト大統領も驚きました。その後、日本は重い戦費に耐えられなくなりルーズベルト大統領に和平の調停を依頼しました。ポーツマス条約で終戦となり、ロシアは敗北し、日本の国民は疲弊しましたが戦勝気分を味わいました。

一九一二年に国民に愛された明治天皇が崩御し、日本は喪に服します。明治天皇は名君の誉れ高く、国民の心をしっかり掌握しました。六〇年足らずで日本人は強い近代国家に統合されました。大きな大学が五校設立され、若者は科学、芸術、文学の分野の教育を受け、逆に日本の建築、芸術、産業を世界に向けて発信しました。日本人は半世紀足らずで封建的な鎖国から世界の大国に生まれ変わりました。くりかえしますが、それはアメリカ人が荒野から一国を築いたことと同じく稀に見る偉業でした。日本人とアメリカ人は同じ精神力、同じ閃きを持ち、ある意味でよく似ています。

それでは、どうして日本人とアメリカ人は過去のある時期に敵同士になったのでしょうか。その時期は両国が疎遠になっていました。当時、両国民は離れて行きました。それぞれが自国の発展に夢中で忙しく、相手国に手を差し出す余裕がなかったのです。それにコミュニケーションの難しさもありました。アメリカ人も日本人も外国語の習得は不得手です。アメリカ人は国土が広いので、外国語を学ぶ必要を感じません。日本人は地理的に孤立しているため必要がありませんでした。両国民は考え方を異にする面もあり、個人の間では有意義な接触はほとんどありませんでした。アメリカ人と日本人は互いに相手を知り、理解する時間を持ち合わせませんでした。

青島と膠州湾を我がものに：原著では思い違いによるものなのか、ロシアが「旅順」「遼東半島」「青島」「膠州湾」を我がものにしました、とあるが、歴史的事実に照らして訂正した。

Ⅳ

戦前の日本と戦後の日本

日本とアメリカが絶縁状態にあったころ、私はアジアにいました。私はアメリカ生まれで両親もアメリカ人ですが、生後ほとんど中国で暮らしてきたので、変貌する日本を中国から見つめ、情勢の推移を中国人と同じ驚きで受けとめました。明治時代という大きなエネルギーは二〇世紀に入っても途切れることなく、日本の新しい指導者たちは一六世紀に豊臣秀吉が天皇に中国への進出と出兵の許可を願い出たときの夢を再び追い求めていました。私たち中国で暮らしていた人間はそれが良く分かりました。日本は領土を渇望し、そのうえ、西欧の植民地主義の侵略に対する脅威も高まりつつありました。日本人は絶対に植民地支配を受け入れるつもりはありません。

日本の中国への進出

中国は脆弱な時期にありました。改革派により宣統帝《せんとうてい》*が退位させられて以後も新王朝は成立せず、政府の指導力を欠く状態でした。中国に野心を抱く日本人にとって絶好の機会が巡ってきました。日本は第一次世界大戦で連合国に与《くみ》したので、西欧列強さえ日本に肩入れしました。しかし、日本が連合国側に立ったのは、前述のとおり、ドイツがその前に手に入れていた中国の土地を領有したいという理由がありました。戦争が終わっても、日本はその地域を中国に返還せず中国本土に居すわりました。時が経つにつれて日本は居すわったまま以前にも増して動こうとしませんでした。中央政府を欠く中国では、国内が混乱し各地で軍閥による支配権争いが起きていたからです。改革派の蔣介石は軍閥を排除しようとしていました。軍閥は大きな軍隊や妻妾や子供たちをおおぜい抱えてつねに金の必要に迫られており、鉱山や鉄道、さらに土地使用権までも差し出し、見返りに日本軍の指導者たちから立て続けに巨額の資金を融資されていました。借金の返済などできるはずもなく、中国は少しずつ日本の手に落ちていきました。

そんな状況の下で共産主義がさらに混乱を拡大しました。日本が攻撃したとき、蔣介石はそれまでの仲間と袂を分かち、旧勢力を一掃して指導者の地位に就こうとしていました。一九三一年でした。この日、私は南京の自宅書斎でルン氏を待っていました。当時私は中国の古典『水滸伝』を英訳中で、中国文学者のルン氏が相談相手になってくれていました。几帳面なルン氏が時間通りに来ないので私は不思議に思っていましたが、到着したルン氏の顔色は真っ青でした。私はいつものとおり立って礼儀正しく学者をお迎えしましたが、私に気づかない様子でした。ルン氏は腰を下ろし、ゆったりした衣の袖からいつも入れている扇子を取り出してせかせか扇ぎ出しました。

「ミセスは今日の新聞をもうご覧になりましたか」

中国語で尋ねました。英語は話せませんでした。紳士なので直接私の名を呼ばずに必ず既婚女性の敬称で話しかけて来られました。

「今日は忙しくて家から出ておりません」

私も丁寧に返事をしました。

ルン氏の顔に苛立ちの表情が浮かびました。

「日本が満州を奪いました」

私たちは驚きの表情で見つめ合いました。二人には先が見えています。戦争になるでしょう。しかし、どこが戦争するのか。中国は革命と共産主義に引き裂かれました。蔣介石は共産主義を拒絶し、次の支配者をめざして権力

宣統帝：清朝第一二代、最後の皇帝。

闘争の最中で外国と戦争できる状況ではありません。

「あなたのお国は中国のために戦ってくれるでしょうか」

つぶやくようなか細い声でした。

「いいえ。アメリカ人には理解できないでしょう。遠すぎます」

「それでは、また世界戦争になる」

ルン氏はつぶやきました。

その日はとても古典の翻訳作業をする気になりませんでしたが、不思議な縁がありました。小説は反乱と豪傑が交錯する話だったからです。この日の午後はいつもの半分ぐらいの時間を割いたでしょうか。ルン氏は気持ちが沈み、私はこの先のことばかり考えていました。世界戦争になったら、アメリカに帰らなければならないでしょう。世界はヨーロッパとロシアの二大勢力に分かれていたように見受けられ、日本がどちらにつくのかは容易にわかりました。日本の軍事指導者はドイツで訓練を受けていました。

苦難の日々が始まり、やがて何カ月にも何年にもなり、どうにもならない事態になっていきました。

日本は日夜侵略を拡大していました。私がよく知る大好きな日本人のことを考えました。あの人たちは自分や中国人に何が起きているのか知っていたのでしょうか。指導者たちがどれほど危険な夢を追っているか知っていたのでしょうか。いつか日本は中国人のみならず私の祖国の人たち、アメリカ人とも戦わざるを得なくなるでしょう。分かっていたのでしょうか。

戦争の暗雲が垂れ込めていたあの当時、日本軍の指導者は、ヨーロッパでイギリスと全ヨーロッパ諸国を巻き込む戦争が始まると同時に中国を攻撃するように周到に計画を練るだろうことはよく分かっていました。その場合、アメリカは先の同盟諸国の側に立って戦わざるをえないでしょうし、そうなれば、日本は中国でしたい放題でしょう。実際に、蔣介石が新しい国民党政府の下で必死に国内を統一しようとしていたとき、日本はすでにしたい放題に行動していました。

当時はあり得ないことが現実になる時代であり、ある朝目が覚めると、蔣介石は共産主義者に誘拐されてしまいました。無視できない存在だった満州少将（訳注：張学良）との話し合いに出かけたときでした（訳注：一九三六年一二月一二日　西安事件）。抗日運動に消極的な姿勢を非難された蔣介石は、共産主義勢力とともに挙国抗日で妥協しました。そのとき私はしばらく自宅を留守にするつもりで荷物をまとめ始めました。長くならなければ良いと思いましたが、長くなるのは目に見えていました。もし戦争を通じて共産主義が勝利すれば中国は共産主義者の支配するところとなるでしょう。

『晴れやかな一日』

私は太平洋の長旅をよく覚えています。巨大な海洋を飛び越える空の旅はまだ着想の段階で現実ではありませんでした。長崎、神戸、横浜の港ではいつもぐずぐずして船に乗り損ねました。私は街を散策し、公園で腰かけ、どこにいても悪い予感を感じながら人びとを眺めていました。日本人とアメリカ人が敵同士になる日が来るのだろうか。そうだとしても、人びとはまったくその素振りを見せませんでした。みなが穏やかで礼儀正しく、せわしく満ち足りているように私には見えました。

神戸では楽しい一日を過ごし、後日『晴れやかな一日（One Bright Day）』という表題の子供向けの本にその日のことをありのまま書き記しました。その日、船は早朝に埠頭に着きました。幼い二人の娘は船旅で気持ちが休まらず、父親は忙しかったので私一人で陸に上がることにしました。船は太平洋を渡る前に燃料補給で日没まで出航しない予定だったので、船内にいても騒々しい一日になりそうでした。埠頭の近くの公園で二、三時間過ごしたいと思って娘たちと三人で出かけました。

娘たちは草の上で遊び、私はベンチにも座らずにいましたが、そのとき老紳士が馬車でそばを通りすぎて行きました。上品な黒っぽい絹の和服を着ていました。私たちの姿が目にとまって御者《ぎょしゃ》に声をかけ、馬車が止まりました。紳士は馬車を降りて私に近づき、上手な英語で何かお手伝いできることがあればと尋ねました。私は紳士にお礼を述べて状況を説明すると、紳士も自分の状況を話しました。

「マダム、私は健康のために今日はゆっくりしているのです。あなた方は今日だけここで過ごしておられるというわけですね。あなた方に市内を案内して差し上げましょう」

紳士はそのような内容のことを言ったのですが、見知らぬ人なのに直感的にその人を信用しました。私はお礼を述べ、娘たちを呼んで馬車に乗り込みました。その晴れた日の午前中一杯、馬車で市内や周辺を巡り歩きました。正午に私たちを船まで送りとどけてくれて、それでお別れかと思ったものです。そうではありませんでした。船が夜まで出航しないことになり、その日の午後はとても暖かったので、浜辺に連れて行ってあげますからお嬢さんたちと一泳ぎしてくださいと仰しゃいました。

その申し出を受けたのに我ながら驚きました。一時間ほどして紳士は馬車で戻ってきて、少し離れたところにある美しい浜辺に連れて来てくれました。家族連れがおおぜいいました。脱衣所は清潔で、水着を借りて準備万端でした。冷たい水は年寄りの身体に良くないので自分は海水浴はできないから、ここであなた方の服やハンドバッグを見張っていてあげますと老紳士は言いました。用心しないでいいのだろうかと一瞬迷いました。ハンドッバッグには旅券、お金、乗船券が入っていました。この老紳士は、すてきな方ではありますが、見ず知らずの人です。でも、今までご一緒してきてここで信用しないというのもおかしいし、娘たちは私を海の方へ引っぱって行こうとしていました。仕方なしに、私もおおぜいの人のなかに入っていきました。海は青く、太陽は熱く、水は清々しく澄んでいました。ときどきちらちらと岸の方を見ました。老紳士は脚を組んで座っていました。

水遊びに夢中で紳士のことを忘れてしまいました。時間ぎりぎりまで遊び、ずぶ濡れで笑いながら走ってかえり、服を着替え、再び馬車に乗り込みました。老紳士はバッグと貴重品を私に返してくれて、船に戻りました。すでにタラップが降りていて私たちは急いで船に上がり、埠頭にたたずむ姿に手を振りました。老紳士は船が離れるまでそのままの姿勢でじっと立っていました。この小品の表題を『晴れやかな一日』としたのは不思議でしょうか。

美を愛する日本人

こうして戦争と敵対に明け暮れる暗澹たる時代にあって、私の記憶に残りました。真珠湾が爆撃された恐ろしい日、私は以前日本であの優しい老人、すなわち日本人が、私と私の娘たちの心に刻みつけたこと、すなわち、他人への親切を思い出しながら、両国の国民が再び仲良くなるときが必ず来ると確信していました。しかし、その日はなかなかやって来ず、太平洋を挟む双方の国におおぜいの死者が出ました。

本書を執筆中に、私はアメリカで暮らす人たちのことを思い出しました。日本人ですが、なかには市民権を持つアメリカ国民もいます。彼らの息子たちは忠実なアメリカ兵となり祖国のために勇敢に戦いました。ヨーロッパとくにイタリアでの激戦で命を落とした兵士もおおぜいいます。しかし、アメリカ在住の日本人は戦争という切迫した事態で強制的に自分の家や庭や田畑を立ち退かされ、西部の砂漠地帯で掘っ立て小屋に押し込められて軍の監視下で生活することを余儀なくされました。しかし、そこでも日本人の一つの特徴が光り輝きました。それは美を愛するという特徴です。

日本人は美なしには生きられません。砂漠のなかでも砂と石で庭園を造り、根や葉のついていない干からびた枝からも空飛ぶ鳥や水鳥の姿をつくり出します。アメリカの荒野のなかでも日本人は日本人であることをやめることなく変化に適応します。砂漠から庭園を、住居の掘っ立て小屋からも美を創造します。砂漠の何か植物のひん曲がった枝の写真を持っていますが、その枝が想像力豊かな日本人の目には威厳あるサギの姿に映ったのです。私はそれをもらいたかったのですが、制作者は手放したがらず、代わりに写真をくれました。

「生きている限り、サギは手放しません。あれは絶望に打ちひしがれた砂漠から出られた日の象徴です。美は消えてなくなりました。ぎらぎらした太陽が砂漠の砂に照りつけていました。木造の掘っ立て小屋はその熱をまともに受けます。自分の生活の場からいっさいの美が失われ、死んだほうがましだと思いました。その時この枝を見つけたのです。枯れ枝ですが生命の姿を宿していました。私は枯れ枝を手に取りました。小さいキッチンナイフを道具に形を整えているうちに美はどこにでもあることを知りました」

美はどこにでもある。美は日本にはどこにでも、そして、日本人のいるところのどこにでもあります。美を愛する心は日本人の基本的な特徴です。

孤立から離間へ、離間から戦争になりました。とはいえ、長い鎖国時代がまったく悪かというとそうではありません。日本は鎖国時代に自国の方針を熟慮することができましたし、慣習を結晶させて無比の芸術を発達させることができました。自然や美しい島々から深い影響を受けたことは言うまでもありません。美は日本人の生活のあらゆる領域に浸透しています。日本の簡素な家屋の造りには床の間と掛け軸に一輪挿しの花という組み合わせの美が生まれました。現在の日本家屋にも床の間、生け花、掛け軸があります。家は掃除が行き届いています。もちろん大都市にはスラムもありますし、だらしない家庭の主婦もいますが稀です。日本の家はあまり散らかっていません。一つの部屋は多目的に使用され、昼間は居間、勉強部屋、書斎、客間にもなり、夜は押し入れから敷き布団と掛け布団を出して寝室になります。床には畳が敷かれて汚れにくく、玄関で靴を脱いで家に上がります。家具はないも同然です。卓袱台《ちゃぶだい》または机、座布団、それに本棚、その程度です。部屋が散らかるようなものはありません。壁に相当するのは襖や障子で、開けたり閉めたりすることで一つの部屋が大きくも小さくもなります。部屋には床の間に掛け軸が一幅《いっぷく》あります。二幅でもないし、大きな絵画でもありません。小枝か細い枝の花が一輪置かれています。大きな花瓶と豪華な花ではありません。自然は崇拝されますが服従させられています。日本の美は抑制された美であり、統制のとれた国民――決然と統制された――を反映しています。詩は数行に表現が込められ、演劇は儀式といえるほど様式化されています。

これが私の生涯を通して知った日本であり、日本人です。

戦後どういう変化があったのでしょうか。日本のこれまでの歴史を通して最も衝撃的な出来事はアメリカ人との関わりでした。初めは無惨な敗戦、次にアメリカによる占領でした。第二次世界大戦まで日本は負けなしで、大胆な軍事行動によって見事に連戦連勝を収めていました。これに近代生活のあらゆる面での目を見張るような進歩や、大陸民族と接触の少ない島嶼民族に特徴的な自信と過信を重ね合わせると、日本の指導者たちがアジアぐらい支配できると感じたのは当然だったかもしれません。指導者たちが国民に絶対的勝利を信じさせておきながら、惨めな敗戦に導いたことは、国民をどん底に突き落としました。日本人は地震で家屋や土地が破壊することには慣れていましたが、敗戦は多くの都市が爆撃され無数の死者が出ただけではすまなかったのです。敗北は肉体と同時に日本人としての存在、精神、魂のすべてが挫折したということでした。今まで自分たちが考えていた民族でなくなっていました。日本人は知らない民族、未知の世界と対峙していました。これまで植民地化の暗い影が自分たちの生活にたれこめることはありませんでした。アジアで自由・独立を保ったのは日本だけでした。鎖国で進路を切り開きましたが、その鎖国のために外界で起きている大きな進歩が見られなくなり自分自身の幻影を見た、つまり、国力と国際的地位について誇大妄想を抱くことになりました。

アジア民族のなかで日本人は欧米人に対する理解がもっとも遅れた民族であるといえます。諸外国のことを知りたがり熱心に学んできましたが、つねにしたいようにして来ました。進歩的な日本精神と好奇心がありながら、欧米を訪れる日本人は島国根性をひきずってやって来ます。偏見を持たずに外国へ行って知識を見聞しようとしませんでした。日本人は何が自国のためになるかを知ろうとしました。この姿勢が欧米人を真に評価する妨げになりました。世界を理解する妨げになったのです。

戦争に負けたとき日本人は混乱し、狼狽《うろた》える敗戦国の国民となりました。過ちを犯した指導者をもう信じられず、天皇はもう神ではなく、自分たちの神々でさえ確たるものではなくなりました。気がつけば自負と精神的な支えを失っていました。身ぐるみ剝がされ無防備のまま茫然としていました。そうして未知なる民族アメリカ人の占領下に置かれることになりました。日本人はアメリカ人を知らず、アメリカ人も日本人を知りませんでした。

終戦と同時に、日米両国民は最大の難題に直面しました。敵同士だった国民はともかく友人にならなければなりません。日本はアメリカの空襲でほぼ壊滅状態でした。東京は焼け野原になり他の多くの都市も同様でした。被害を被らなかったのは京都だけでした。京都は歴史的建造物が多く並外れて美しい都市なので、アメリカ政府は京都を温存することにしました。京都の他に無傷であったところはほとんどなく、広島と長崎に原子爆弾が投下されるに至って空襲は頂点に達しました。

恐ろしい沈黙が支配したあと、誇り高い二つの国の国民は知らない者同士として向き合いました。一方は戦勝国の国民、他方は敗戦国の国民でした。どちらも何があるか予断を許しませんでした。

日本人は最悪の事態を予想しました。軍事指導者は対日占領政策は残酷をきわめ、アメリカ人は野蛮で残虐であると国民に警告しました。日本人は指導者が正しくなかったことを改めて知ります。アメリカ人は野蛮でも残虐でもありませんでした。個々の兵士の暴行や暴力事件はありましたが、暴行した者は上官から罰せられました。アメリカ人のほうも身を抛《なげう》って戦った国民にどう対応してよいか分からず慎重に臨みました。互いに不必要に身構えていたことに気がつきます。日本人は戦勝国の優しさと配慮に驚き、アメリカ人は敗者の威厳と礼節に驚きました。

戦争直後アメリカ人は日本人と真正面から向き合うことになったのです。両国間には長く意志の疎通がまったくありませんでした。真珠湾攻撃の前は知らない者同士であり、真珠湾後は敵同士でした。国民は互いに会うことができませんでした。ただアジアのジャングルや太平洋上の島々で顔をつき合わせて死闘を演じました。嫌悪と恐怖でアメリカ人の顔も日本人の顔も歪み、プロパガンダが双方の怒りを煽りました。戦闘終了までコミュニケーションは不可能でした。

戦後の沈黙のなかで、知らない者同士が今度は日本の領土で再会しました。勝者と敗者はまだ意思を通じ合うことはできませんでした。アメリカと日本それぞれが共に生きる必要に気づくまで待たなければなりませんでした。アメリカは占領という困難な新生活を始め日米双方ともにそこから生まれる雰囲気を称賛することになります。全般的なアメリカの対日占領政策はダグラス・マッカーサー連合国軍最高司令官の賢明な指導力の下、日本人の感情への深い配慮に裏打ちされたものとなりました。日本人は自ら自国の統治と復興に責任を持つことが基本とされました。ドイツやイタリアの占領政策と対照的であり、日本人の力量と成熟度、そして何百年も維持されてきた国家としての団結についての知見を示していました。マッカーサー司令官は何よりも日本の政治機構を乱すことなく使命を全うしました。同司令官はじかに日本政府に情報を伝えて達成すべき目標を明らかにします。日本側の大臣は目標を達せられないと思えば辞職するか、自己の立場を弁明して命令を緩和することができました。双方の善意はそういう開けた政策の結果でした。善意を欠いては日本人の心は塞がれたまま非協力的になり、民族の誇りに屈辱を感じたでしょう。

それが運命であり自分の過ちから出たことであると納得すれば、運命を受け入れるのは日本人の特徴です。ですから、一九世紀の変化する世界情勢に直面して鎖国を続けられないことが明らかになったときは、断固として速やかに明治維新へ移行しました。同じように日本人は原子爆弾が二度投下されたとき敗戦を受け入れ、敗北を教訓として次なる目標を達成しようとしました。新しい平和な日本の黄金時代を築き、世界の黄金時代にする目標です。日本人の偉大なところは敗戦を己の過ちの証しと判断し、それを認め、そこから建設的な行動をとったことにあります。

己を律することができるのは、自らの政府機構を土台とする揺るぎない国家としての統合があるからだと思います。日本人は変化が欠かせないと確信したとき、速やかに思い切った方向転換ができます。日本人は昔も今も逆らう者であって革命家ではありません。反逆者は進歩を、革命家は破壊を求めます。日本社会という盤石な機構の内にあって反逆者はいつも効果的に現れますが、革命を欲する者は一人もいません。アメリカの政策担当者は国体護持が重要であると理解する賢明さを持ち合わせており、日本の社会は安定した体制内で数々の変化を成し遂げました。これは日本人が敗戦を屈辱としなかったから可能だったのでもあります。敗北を恥と受けとめていたら間違いなくアメリカが半ば予想したとおり復讐に出ようとしたでしょう。そうであるから権力者の姿勢は最も小さい村まで浸透し、アメリカ人はわずか数週間前、否、数日前までは敵同士だった人びとの親愛の情に驚いたのです。

アメリカの対日占領政策は歴史上どこと比べても人道的で、好意的で、建設的です。日本人が今少し高潔でなかったなら、アメリカは占領を利用したでしょう。しかし、日本人は高潔な国民であり、良かれと差し出されたものを受け入れることができました。双方に過ちがあれば速やかに修復されました。古来の礼節は守られ、アメリカの善意はそれに応えました。早い段階で敵意は払拭され、代わりに大きな友情が生まれました。両国民は初めて相手の本来の姿を発見し、新しい相互理解に至りました。互いに発見し合うことで好意が生まれ、個々人の間には愛情が生まれました。アメリカ人男性と日本人女性が結婚し子供が生まれ、ときには婚外子もありましたが、異人種間の混交がありました。

両国民はいろいろな面で互いに影響を及ぼし合いました。両国の文化は長い間接触がなかったことは事実ですが、変化のなかった領域はほとんどありません。東は西に、西は東に適応します。アメリカ人は現在ではどの国民よりも日本人から大きな影響を受けていることは多言を要しません。アメリカ人はアジア人を理解し、感心し、好きになれることも分かりました。そして、私の間違いでなければ、日本人はアメリカ人に好意を感じています。

しかし、影響はこれに止まりません。日本人の生活は戦争体験、対日占領政策、そしてアメリカ人との接触で大きく変わりました。衣・食・住、娯楽、経済的な生活全般などすべてが変化し、変化はさらに続いています。しかし、私の見たところ、昔の日本から新しい日本へ大きく変わったのは国民です。

Ⅴ

日本の変化と女性

前述のとおり日本は私の人生の一部であり、幼少期以降の体験の一部でした。ニューヨークやシカゴやサンフランシスコといった都市の代わりに東京、横浜、大阪、京都、長崎を知り、日本各地で暮らし、さまざまな場所を訪れ、日本人の友人や知己がいます。中国に勝るとも劣らず故郷のような気がします。ですから、私は戦後の日本に対する心構えができておらず、変化の深さと広さを知るには多少時間がかかりました。

ふつう変化には長い時間がかかるもので、数百年を要することさえありますが、日本ではとくに時間がかかりました。戦前とそれに続くアメリカの占領時代にどれほど近代化が進んでも日本はまだまだ昔の日本でした。日本が変わったのは占領後で、私は昔の日本を探さなければなりませんでした。ほとんどの国では変化は末端から始まります。旅行で新しいやり方や考え方を持ち帰ります。最後に変化を感じるのは中心ですが、日本では逆でした。政府の中心が変わらない限り国民は変わりませんでした。個人がどれほど広く旅行をしても、新しいモノや考え方を持ち帰っても、天照大神の子孫であり国民の象徴である天皇が神として生活の中心にある限り日本は変わりませんでした。マッカーサー司令官とアメリカ政府は日本人と先祖伝来の伝統に対する深い理解を示して天皇の存続を決めたと言わなければなりません。ただし、天皇はもはや神と見なされなくなりました。

終戦のとき日本兵は天皇の戦争終結の詔書に深く感動しました。天皇が存在しなければ日本はありえないからでした。天皇は批判を超越した存在であり、神聖かつ崇高で近寄り難く、不変で不可侵の存在でした。天皇の詔書で戦争は終わりました。詔書のラジオ放送があるまでは、放送を止めようとしたり、皇居を一時占拠するなど兵士たちの妨害がありました。しかし、玉音放送が始まると国民は終戦を受け入れました。アメリカ軍が日本の飛行場に降り立ったとき丁重に扱われたのはそれが理由でした。天皇が変わると宣言し、変化がありました。

しかし、変化は全くありませんでした。もう一度くりかえします。変化はありませんでした。つまり、中心の変化はなかったということです。中心とは天皇です。日本の新しいものはすべて天皇の命令で新しくなるのです。芯が変わらないかぎり日本は同じように不変でしょう。外観、近代技術、世界との接触などが中心に浸透するかどうかはじっくり考えるべき問題ですが、答が出るまで時間がかかるでしょう。そうなるまで、そして、そうならなければ、現在の日本人の生活の変化には、変化しないもの、変えられないものがあるのを悟らなければなりません。堅い芯は過去も現在も、そして、現時点で見るかぎり、将来もそのままでしょう。

日本女性の変化

それでは変化はどこにあるか。物事は毎日変わっています。この国の雰囲気は変わりました。以前よりも形式にこだわらなくなりました。今もお辞儀をしますが、以前ほど深く頭を下げなくなりました。ずけずけというほどではありませんが、アメリカ軍が本土に大挙して上陸する前よりはかなり率直になりました。座布団よりもイスに座るほうが楽になって若い人たちの脚が長くなりました。食生活では肉食が増えて米食が減り、一段と明るく健康的になりました。昔からの特徴である陰気さはなくなりはしませんが、目立たなくなりました。自殺はなくなりませんが、昔ほど安易に自殺しなくなりましたし、情緒による昔のような自殺は減っています。みな朗らかになり、子供たちは生き生きしています。笑い声も聞こえます。

私はすぐに変化を感じ取りましたが、どこが変化したかを知るには少し時間がかかりました。変化は女性から始まりました。最も変わったのは女性だったのです。日本で女性ほど変わったものはありません。かつて女性は引っ込みがちで、しゃべらず、従順でしたが、今は驚くほど快活で、有能で、外向的になりました。新しい女性は、ひと昔前まで我慢していたことができるようになりました。堅苦しい型にはまった優美さや慎み深く黙っていることをやめました。率直で楽しそうでさえあります。以前は相手の言うなりになった場合でも、自分の意見をはっきり言うようになりました。といっても、コツを心得ています。有能な私の秘書は現代的な学校で教育を受けた若く美しい女性です。私は、日本の男性は仕事が終わるとバーに飲みに行くのは権利だとまだ思っているのを知っているので、秘書のハルコに夫の習慣を辛抱できるかどうか尋ねました。飲みにいくバーは昔の茶屋《ちゃや》の代わりのような所です。

「できますよ」

ハルコは穏やかに返事をしました。

「でも、帰宅は午前二時でしょう」

私は尋ねました。

「そうです」

「帰るまで待っているの」

「ええ」

「なんですって。文句もいわずに」

ハルコは斜目遣い《ななめづか》いに私を見、女性特有の表情をしました。

「初めはもちろん文句を言って、泣きました」

「そうしたら？」

「帰って来なくなりました」

「それで？」

「文句はやめました。もう泣きません。熱いお茶を用意して帰りを待っています」

天皇は皇居に、男は家にいます。中心は変わっていません。

それでも現代の日本女性には新しい正直さがあります。隠したり偽ったりしません。日本の女性がスタイルをごまかそうとすることはほとんどありませんでした。肥満した女性を見たことがないのでその必要がないのでしょう。太った女性を見かけた覚えがないのです。日本の食事はシンプルで、健康的で、痩せる効果があります。とにかく日本の女性はウエストを締めつけたり人工的に胸を大きくしたりしません。だいたい女性は胸が小さくてボーイッシュな容姿の人が多いのです。日本の男性には欧米の男性のように女性の胸に対する異常なまでの執着がなく、国産に満足しているようです。アメリカの女性が外見にかける時間や手間暇を考えれば、日本の女性のほうがアメリカ女性よりはるかに異国情緒があり、日本の女性はあまり外見にこだわりません。たとえば、日本人と結婚したアメリカ人は、

「妻に何度もパーマ代を渡したが、花や夕食のご馳走に使ってしまいます」

と言いましたが、不服な様子はありません。

外見を気にしないことのもう一つの例は、ある若い女性がお見合いパーティで初めて夫になるべき人に出会おうとしたときのことです。その女性はたまにメガネをかける程度だったのですが、そのときはメガネをかけていきま

した。

「いちばんひどい私を見てもらいたかった」

と言いました。女性は結婚してとても幸せだそうです。

日本の男性はアメリカ人ほど妻の外見を気にしないようです。日本の男性にとって最も大事なことは、どれくらい妻の義務を果たすかということです。結果的に、離婚はアメリカでは五組に一組であるのに対して、日本では二〇組に一組です。離婚はアメリカよりも簡単なのにです。これは見合い結婚した夫婦の場合です。恋愛結婚はお見合い結婚ほど成功率は高くありません。恋愛結婚した夫婦の一〇組に一組は離婚します。

しかし、結婚それ自体は不思議に伝統が守られています。私が日本にいたのはそれほど昔ではないのに、現在の日本のティーンエージャーはアメリカ人とよく似ているのを見て愕然とし、伝統が失われたことに胸を痛めました。今の若い男女は手をつないで街を歩きますが、以前は聞いたことがありません。若い人たちは、男も女も、喫茶店で長時間すごし、オートバイやスクーターを騒がしく街で乗り回します。和製「ビートルズ」が大人気です。映画会社で働く友人が私を東京のロックンロールの大劇場に連れていってくれましたが、そこはティーンエージャーで埋まった巨大な空間でした。ほぼ全員が若い女性で、ほとんどがミディブラウス*にスカートという姿でした。舞台の上では一人を除き男性歌手ばかりで、全員が長髪で、日本語と英語でむせび泣くように恋の歌を歌っていました。ウエスタン歌手が英語で上手に歌いましたが、歌詞の意味を知らずに歌っているということでした。女の子たちはうめいたり、歌に合わせて身体を揺らしたり、ここぞというときキャーキャー騒いでいました。お気に入りの歌手が歌い終わると取り巻きがステージへ駆け上がって花束を捧げました。

これを見て私はかなり驚き、昔ながらの結婚の形は変わって欧米スタイルの恋愛結婚になったのではないかと思いました。それは間違いであることが分かりました。日本では結婚は今でも家族の問題です。キャーキャー騒ぐ若い女性や長髪の若者たちも一定の年齢になると、両親がふさわしい結婚相手を探し始めます。日本では結婚はほとんど「見合い」つまり紹介によるものであり、恋愛は結婚の前ではなく後であるという考え方です。若者が安定した仕事を見つけたら、両親はさっそく息子に慎重に選んだ候補者のリストを見せて相手を選ばせます。これが今日でもごく一般的です。それには仲介する人物が選ばれ、その人は候補者が相応しい相手であることを家族にいろいろ助言し、最終的には花嫁候補と花婿候補を引き合わせる段取りをします。男性も女性も仲人に自分の好みを伝えますが、推薦者リストから相手が選ばれれば両親が納得する恋愛結婚もできるでしょう。

男女双方ともお誂え向きの相手が見つかれば、両親は周辺状況を入念に調べ、写真を見せ合い、その家の過去を調べ、学歴、健康、性格、社会的地位、財産などを比べ合います。干支《えと》も重要で、生まれた年を比べます。たとえば、卯年の女性は勝ち気かもしれません。また、数字の四は凶と見なされて嫌われ、一九歳も凶年齢とされています。結果が好ましければ、仲人は二人が会う時と場所をお膳立てします。この出会いの席「見合い」がうまく運べば、結納が交わされ、結婚式の準備に入ります。結婚式には吉月と吉日が選ばれます。桜の花が散る四月と紅葉の一〇月は結婚には凶に当たると考えられています。一一月と一二月はめでたい月とされます。もちろん現代ではこういうことを信じない家族も多いのですが、とはいえ、習慣は伝統に従うものです。

ミディブラウス：セーラー服型の襟のブラウス。

見合いと結納が終わると若いカップルは何度か会います。一般的には相手とよく知り合うために人の多い街中に出かけます。決まり切った環境では互いに相手をよく知ることはできませんが、昔はそれもできなかったのですから現代的になっています。

一〇代はロックンロールに夢中、一〇代をすぎれば気のきいた服に身を包んで会社の事務員になる現代女性でも結婚式の当日は昔にもどります。花嫁は高島田の鬘《かつら》を被り白い角隠《つのかく》しをつけます。角隠しは嫉妬という妻にありがちな罪を隠すためだそうです。これは結婚式の当日であっても、妻は夫が自分に誠実であると考えてはならず、また、夫の関心が他に移っても嫉妬してはならないということの暗示です。花嫁の鬘にはべっ甲の櫛がさしてあり、櫛にはスモモの木、樅、竹などの図柄が彫られており、それぞれに永遠の誠実、辛抱、美などの意味があります。婚礼衣装はお金がかかります。床にとどきそうなほど長い袂の伝統的な着物に金襴緞子《きんらんどんす》の帯を絞めますが、帯は着物と同じくらいの丈《たけ》が必要で数百ドルはします。貸衣装もありますが、花嫁衣装は二度と袖を通すことはないので贅沢なのですが、買う方が社会通念上良しとされています。

神社で神道の神々の前で杯《さかずき》をいただいたあと、神主が司るなかで角隠《つのかく》し――帽子のようなもの――が外されます。角隠しは白い絹の布でうつむく花嫁の顔を覆い隠すほどたっぷりしています。意地の悪い言い伝えでは、角隠しは花婿が花嫁の顔を見ないようにしておくためで、花嫁の顔をちらっとでも見たら逃げてしまうかもしれないからだそうです。

結婚式が終わると披露宴です。音楽や演芸もあり、普段の和やかな宴会の雰囲気は酒が入って下品な話も混じってきます。田舎や近代化が遅れた都市では来客たちが新婚夫婦に床入りを強いて、障子の穴から覗き見するという悪ふざけがあります。それを嫌って現在では新婚の夫婦はたいてい新婚旅行に出かけます。これは新しい日本です。ところが――昔の再来――どんな結婚式をしようとも、どこへ新婚旅行に行こうとも、二人だけになる瞬間は訪れます。男はそのとき自分の権利を主張しなければなりません。夫は妻に主人のようにぶっきらぼうな口調で話しかけなければならないのです。妻は夫が自分を恐がるとか、夫は愛のためにやさしくなったと考えてはなりません。夫であり妻である役割を明確にしておかなければならないのです。妻は従う者であり、主導権を持つのは夫です。夫を名前で呼ぶことも、夫たる敬称を省いて馴れ馴れしくしてもいけません。私は内々に夫と妻のその時について調べてみたところ、伝統は変わっていないようでした。アメリカ生まれの日本人は別として、どの妻もこの大事な瞬間をそのとおりと認めました。

日本の若者は伝統的な結婚の慣習を受け入れられるのかと尋ねる人がいるかも知れません。数ヵ月前に結婚した若い友人がいますが、彼は結婚式の七週間前に見合いをして初めて妻と会いました。親友の母親が仲人になり、その人の家で見合いするときは本人たちだけでなく双方の両親も来ました。見合いが終わり、双方ともなかった話にすることはできましたが、どちらもそうしませんでした。二人は映画、音楽会、動物園の見物と三回デートして、その後結婚しました。

ロマンティックではないって。そうかも知れません。でも、日本式はアメリカ式よりも長所があると私は思います。日本では人生の大事な節目には年長者の知恵が重んじられます。私の友人はどうかといえば、結婚はとてもうまくいっています。結婚式まではそれほどでもなかった新妻をいまは深く愛しています。

昔は選択の自由がなかったのですから、もちろん伝統は多少破られているでしょう。昔は息子も娘も両親が決めた相手と結婚するのが当たり前でした。現在は昔の伝統と現代風が入り混じっていて一番良いと思います。アメリカの私の友人の男性たちでさえ結婚は恋愛がいちばんとは考えていないそうです。アジア式のほうがよほど賢いと言います。こういう考え方をするようになった人たちは、両親の助言で結婚すれば自分にも家族にもぴったりの相手と結婚でき、両親は自分で選ぶよりも良い相手を選んでくれるかもしれないと考えるでしょう。グループから選ぶことができるぐらいに枠が広がれば両親も子供たちも満足します。欧米人である私たちは大きく進歩したといえるのでしょうか。中国の作家、林語堂《リンユータン》は人間は恋愛中はなかなか正しい判断ができないので、いちばん愚かなときに結婚するものだと言いました。

そこで、もう一人の日本の友人を思い出しました。それほど若くはないのですが年齢にしては頑固者です。この男性は有名なラジオの解説者で作家でもあり、アメリカでも著書が出版されています。若いころに結婚は恋愛結婚でなければならないと主張していました。恋をして、家族が選んだ相手を振り切り、自分が選んだ独立心旺盛な若い女性と結婚しました。両親はとても怒って息子と縁を切りました。夫婦はしばらく日本で生活し四、五人子供に恵まれました。男性は歳とともに日本人的になったのか、あるいは自分が考えているより日本人的だったのかどうか分かりませんが、子供がいたのに結婚はうまくいきませんでした。夫婦関係は悪化し、男性は別の魅力的な女性と一緒になりました。現代的ですが前妻よりも従順な女性です。両親とはどうなったのでしょう。彼は自分の愚を認めて両親と和解しました。認めたくなくとも、認めざるを得なかったのです。彼は私に、両親のほうが正しいことを認めたくなかったと告白しました。とはいえ、何もかもうまくいきました。自分の非を認め、両親の人選から新しい妻を選んだからです。今では誰もが受け入れた二番目の妻と充実した家庭を築き、周囲は丸く収まっています。

もちろん若者が自立したがるのは今に始まったことではありません。日本の詩歌は叶わぬ恋ばかりです。若者はつねに両親の意に染まない恋をしてどこかの火山へ、いちばん楽な解決方法に見える悲劇的な道行《みちゆき》をします。昔とちがって現在では火口に飛び込んだり橋から身を投げたりしません。一つには自殺は昔ほどロマンティックでも満足な解決方法でもなくなり、二つには、若い人に昔よりも選択の自由が広がったからです。両親の言うことは正しいことが分かってきたのかもしれません。結婚は恋愛の終わりではなくて始まりだということです。

そうです。戦後とくに日本女性は紛れもなく変化し、男性が尻に敷かれると冗談をいうほどで「戦後強くなったものは女と靴下」だそうです。しかし、女性はまだ、といいますか、自発的に男性優位に従います。何百年もの長い慣習と受け継がれた伝統は欧米の例や憲法の規定や、あるいは改正労働法によっても一朝一夕には変わらないでしょう。現在のところ女性は男性優位を認めているようです。時が経てば分かるでしょう。ところが、地方では今でも伝統が根深く残っています。九州で生活していたとき気がつきましたが、地方ではとくに伝統が深く根づいています。

その九州でのことですが、私は昔ある漁師夫婦と知り合い、先ごろ再びその夫婦に会いました。二人には変化が少しありました。女性は正真正銘の昔風の妻であり、夫は一日中漁に出て魚を捕って帰る重労働の漁師でした。家に帰ると夫は座り込んでお茶が入るのを待ち、夕食はすぐ食べられるようになっていて、箸まで持たせてもらえるほどでした。妻は熱いおしぼりで夫の顔や背中や両手を拭いてねぎらいました。何をするにしても昔ながらの態度を通しました。一日中野良仕事をし、料理などの家事をこなしているのに、一日中何もしないで帰りを待っていたかのように夫に仕えていました。ここでは大きな変化はないと思いました。それでも妻は以前より少し話をするようになったと感じました。たしかに前ほど口を噤んで何もしゃべらないというのではありません。しかし、夫が大声で黙れと言うと、妻はそのとおり口を噤みました。でも、いつか妻も静かにして、とか何とか言うのだろうと思いました。まだその段階に至っていませんが妻は学んでいます。これも時が経てば分かるでしょう。

こういう伝統は日本の各地に根深く残っています。変化はときに力強く表面に現れ、ときに水面下でかすかにさざ波を立てています。ここにも日本人の生活のパラドックスがあります。本物ではない変化です。日本の女性は現代へ向かっているにもかかわらず、男に従順な日本の女の域を出ていないのです。女性はより高い教育を受け地位も向上しています。過去一五年間で高等学校以上の教育を受けた女性の数は三倍になっていますが、進学率はまだ男性の五分の一です。東京大学や京都大学など名門大学ではほぼ全員が男子学生です。教師になりたいとか看護師になりたいという願望を持たなければ、大学は女性が仕事を見つけるためにほとんど役立たないからです。日本の女性は半世紀前のアメリカの女性に似ています。法律上は「解放され」ましたが実体を伴いません。たとえば、一九五三年以降に女性労働力は二倍に増えていますが、差別的な給与体系で、平均的な給料は男性の三万八〇〇〇円に対して女性は一万六〇〇〇円です。戦前と同じように農業労働力の大半は女性の無給の家族労働です。

平和で安全な昨今、日本の男性は再び女性を締め出そうとする傾向があります。戦後、日本の男は敗戦で自信を失い女性に多少譲歩しましたが、現在は解放と機会均等の盛り上がりが逆行しているようです。確かに政界に進出した女性もいます――参議院に一三人の女性議員がいます。他に二人の著名な原子力科学者がいます。しかし、国民の大多数の関心は、女性は家庭の主婦であり母親でいることです。

何百年も服従してきて一夜にして変化を遂げると考えるのは期待しすぎでしょう。しかしながら、日本女性の変化はそれでも現実となっています。精神と心に変化が起きています。女性には男以上でも以下でもない、人間であるという自覚があります。女性は力を信じないので、力ずくで進歩しようとはしないでしょうが、一歩ずつ前進するでしょう。新しい考え方や価値観に目を開かれたなら進歩は止めようがありません。

ここでちょっと矛盾について考えます。日本の女性は異性に関しては欧米女性にはない身体面での自由がありました。たとえば混浴です。あそびではなく身を清める作法としての混浴です。日本人は清潔好きです。毎日風呂に入り、水は十分ありますが燃料は不足しています。ずいぶん昔から燃料をむだにしないようになりました。風呂の水を温めるにはもちろん燃料が欠かせません。一人ずつ入浴するのではない公衆浴場が国民的な習慣となって、家族内から始まり共同体でも一般化しました。欧米人は男と女が一緒に入浴しているのを見てびっくり仰天し、衝撃を受け、目をそらしました。この順序に驚きます。混浴は減りつつありますが現在でも残っています。だいたい温泉が多く、登別のような小さい町でも見られるように北海道では普通に残っています。

日本の男女が慎ましさや自意識に欠けるということではありません。むしろ裸体は恥ずかしいことでも、きまり悪いことでもなく、恥じらいや自意識の原因はほかにあります。不謹慎なことは男でも女でも裸体を見つめることです。身体の特定の部位を注視したり、裸を特別な目で見ることです。共同浴場で自分の妻が他の男性に見つめられて男性が激怒したのを見たことがあります。その場は決闘のようになりました。夫は別の男性の下品な辱めに怒りを爆発させたのですが、実は女性をちらっと見ただけでした。浴場全体が瞬く間に大騒ぎになり、管理人は当人たちを外に出しました。ふつうは誰も見つめません。視線を下げているか自分の身体を洗うことに専念します。

昔、日本に初めて来たころ、田舎や村を旅行したときに小川やせせらぎで人が太陽の下で裸で水浴びをしている姿を見かけました。いちど私は娘たちと、かわいい女の子が小さな川で水浴びをしているところに出会いました。女の子は一糸まとわぬ姿なのにちっとも気にしていない様子で、私たちが女の子に関心を持ったと同じように、女の子も私たちに関心を示して立ち上がりました。私は道に迷ってその子に道を尋ねました。女の子は平然と恥ずかしがることもなく道を教えてくれました。裸の姿を見ないでいることはできないし、目をそらす必要もありませんでした。それは誤りですし、気が利かないことになります。私が言うとおり、無作法なのは裸そのものではありません。特定の部位を見つめることなのです。

別の機会に私は魚が入った重い網を猟師たちが手繰り寄せているところを見ていました。九州の沖合で年に一度特定の小さい魚が群れをなして海岸付近にやって来ますが、サメもそれに引きつけられてついて来ます。漁師は小舟を出して魚群の下に巨大な網を広げると、小さい魚もサメもいっしょに網にかかります。網を引き揚げて魚を仕分けし、サメを殺して小魚だけを集めます。季節は暖かく、漁は骨の折れる仕事です。網を引き揚げるとき一〇〇匹、二〇〇匹もいるサメを引き揚げなければなりません。網を引く男たちは自由に動けるように着物を脱いで丸裸になって力を振り絞ります。誰も裸を気にする者はいません。そうする姿が実に自然に見えました。

慎み深さがはっきり分かるのに、欧米人には反対に見えたケースがあります。真珠を取る海女たちの映画を撮影していたときでした。たくましい身体つきの女性たちは上半身裸で水に潜ることが習慣になっていました。上半身裸の女たちはカメラ隊やエキストラに囲まれても一向に気にしませんし、その姿で撮影されるのを何とも思っていませんでした。ところが、アメリカ人の監督がそんな「ヌード」シーンは米国の検閲を通らないと思ってブラジャーをしてほしいと頼みました。海女は言われるままにブラジャーをしましたが、とたんに恥ずかしがって潜るのを嫌がりました。こういうじゃまなものに馴れていなかったのです。胸をそれほど気にされたことはなく、裸である

女学生(大磯)

漁船(北海道)

製鉄所の労働者(九州)

日光付近の農村で

日本の最高齢者—112 歳

横須賀の子供たち

学校帰り（横須賀）

青森のねぶた祭り

銀座のナイトクラブのダンサー

着物姿の女性

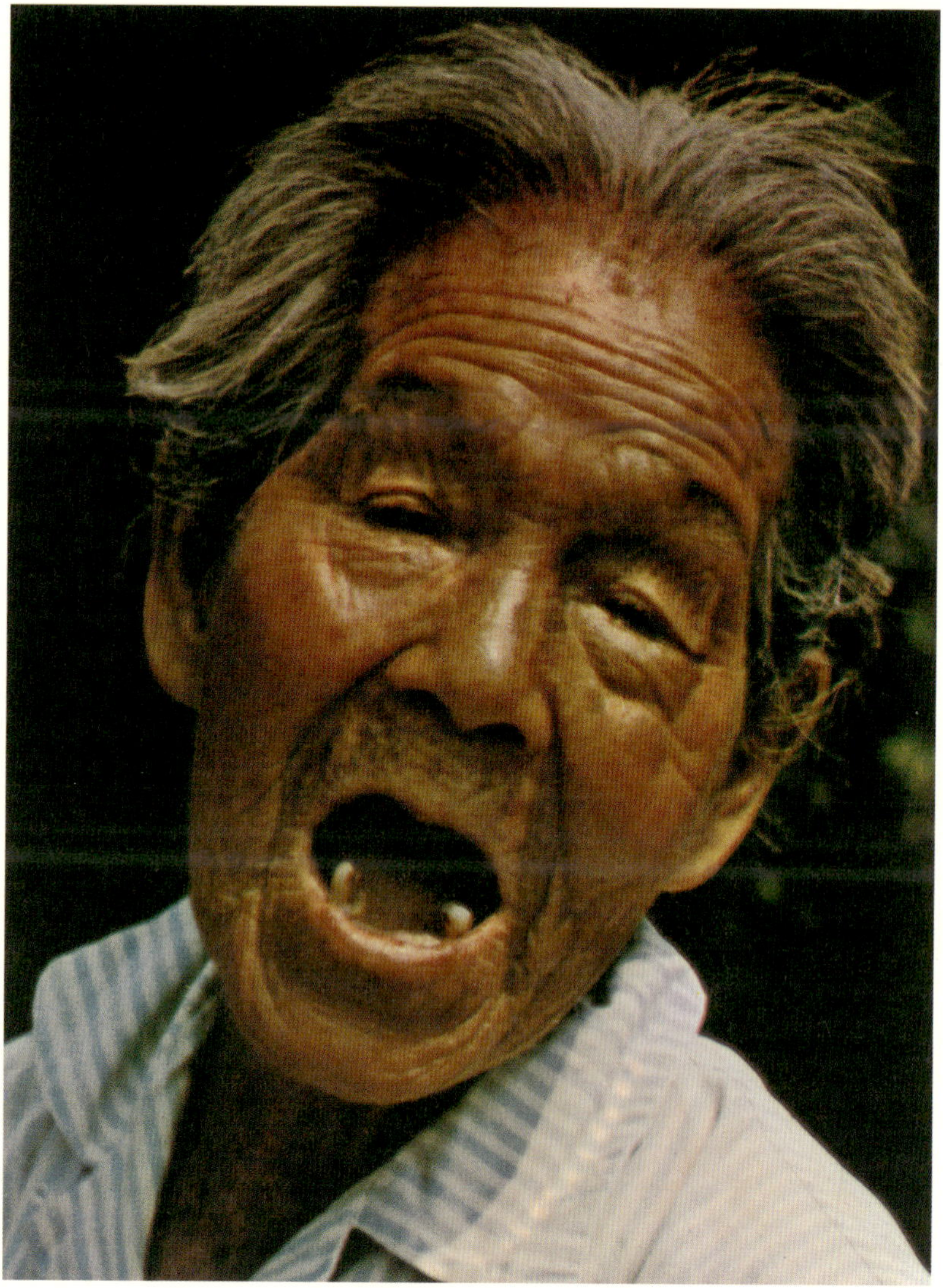
91 歳の農村女性、日光の近郊

ファッションモデル（東京）

高島田の花嫁

若者

結婚式(神道)での家族の記念写真

ことも考えたことがなかったのです。

たしかにアジアの男女は欧米の男女、とくに男ほど胸を意識しません。アジアの男性は胸よりも脚に関心があり、日本ではうなじがいちばん美しいといわれています。

婚姻においては男、女、子供の関係は昔のままです。前述のとおり結婚は現在でも家族の問題だからです。現代の日本の男性が人生を仕事と家庭に分けるならば、仕事を持つ女性も同じかもしれません。洋服をきちんと着こなした有能な秘書はニューヨークにいるのと同じで現代的でしょう。上司もです。ところが、秘書も上司も仕事が終われば伝統に戻ります。つまり、彼女は帰宅して食事の支度をしたり姑の世話をしますし、上司はバーへ飲みに行きます。バーはアメリカが取り入れたものですから、伝統とは関係ありません。しかし、男が安らげる場所という考えは、最も古い芸者遊びの昔からあります。バーへ飲みに行く習慣——私には日本社会の最大の弱点に思えます——は新しさに昔の上品な芸者遊びと下品な売春婦が結びついたものです。

なぜバーへ行くのかと尋ねられれば、リラックスした雰囲気で取引相手と商談すると答えるでしょう。私も東京で何度かバーに行ってみましたが、確かにリラックスできる雰囲気です。あるとき映画会社の社長に誘われて夜遅く何人かの殿方とともに社長お気に入りのバーへ行ったことがあります。めずらしい体験でした。社長は事前に私が来ることを電話で知らせておいたので、タクシーから降りたときマダムの出迎えを受けました。私を暖かく抱擁し、私の著書を何度も読んだので、姉のような気がすると言いました。マダムの後には着物姿の女性たちが並んでいました。ふだん私が付き合っている女性たちとは明らかにちがいました。一人が私に花束をくれましたが、いそいでかき集めた花のようでした。みなから何度もお辞儀をされ、私もそのたびにお辞儀を返して、バーに案内され、部屋のかどの特等席で心地よさそうな椅子に腰かけました。食べ物とドリンクが運ばれてくると女性たちは私をぐるりと囲んで、男性客に気づかれないように床に座りました。その夜、私が多くの男性の夜をだいなしにしたことは確かでした。

ときどき女性の一人が呼ばれて席を立ちましたが、何であれ用事が済むと必ず戻ってきました。私たちは質問したり答えたりしました。ほとんどの女性は結婚していて子供がおり、夫は昼間働いているが収入が少ないので妻が働かなければならないことが分かりました。夜は夫が家で子供を見ているので、バーで働くのは都合がいいわけです。バーで働くのは飽き飽きすると皆が口を揃えて言いました。男は誰でもちやほやされたり褒められたいからです。でも、仕事だから仕方がないと女性たちは言います。男性と同席の女性は仕事なので身体を触れられても何も言わず、うれしいと思わせようとしていることが分かりました。ここにいる女性たちは下流の女性たちのようでしたが読書は好きで――日本の識字率は世界で最も高い――アメリカの女性についていろいろ質問されました。「アメリカ人の夫はとてもやさしいので」アメリカの女性が羨ましいとのことでした。女性たちはみな簡単な英語を話しました。

私はいよいよ男性客の反乱が起こるのではないかと察して、女性たちに元の席へ戻るように促しました。そのあとで女性たちが酒やウイスキーではなくお茶をすすりながら男性客に辛抱強くやさしく酒をつぎ食べ物を出している光景を見ていました。大あばれの男性客に抱きつかれそうになったり尻を触られたりしてもにっこり笑うだけでした。

男性客にどんな下心があっても、冷静な美女たちには全く下心はありませんでした。酒が進むにつれて客が馴れ馴れしくなっても、母親がやさしく子供をたしなめるようにそっと避けるか客の手をわきへずらしました。私は哀れだなあと思いました。ここのマダムはバーで客と逢い引きの約束をすることは認めていませんし、前述のとおり、女性たちは男との遊びには全然興味を示しませんでした。総じてこのバーは約束をする場所でしかありません。こういう店の閉店時間は午前二時ですが、二時なら安宿とかホテルとかまだ行くところがあります。実際にそうします。日本の男はたしかに相手かまわず女に手を出すところがあります。日本人は性に関してピューリタン的な罪悪の概念がありません。儒教では妻に対する性的関心をいくらか見苦しいと考えました。そういうことも日本の男に影響を及ぼしたのでしょう。妻以外の女に関心をもつことは多少大目に見られています。日本の男については、多少どころか「かなり」です。

Ⅵ

家族制度

それでも、日本の生活には本物の娯楽がたくさんあります。日本人は今でも陰気で寂しがりやですし、その反面、バーや性とは全く関係ない楽しみを見つけるようです。趣味を楽しみ、誰でも何かしら趣味を持っています。よくあるのは音楽、絵画、写真、読書、庭いじりなどです。金持ちも貧乏人も一様に趣味を楽しみます。粗末な家にも小さな庭があり、思い思いに低木を刈り、飛び石が一つ二つあって傾いた松の下に砂を敷き詰めた小さい池があるかも知れません。季節ごとに特有の楽しみがあり、季節ごとに行事があります。たとえば、一〇月一日には下着を冬用に替え、七月一日には帽子を麦わら帽子に替えます。変化は本来楽しみをもたらします。家のなかでは、部屋の隅の凹んだ一廓は床の間と呼ばれ、掛け軸と生け花で季節を表します。俳句という日本の短い詩には必ず季節が詠み込まれていて、日本人は落ち葉や初雪が舞い落ちる光景を見ると突然に俳句を詠み出します。一七世紀の俳人芭蕉はこんな句を詠みました。

The winter storm
Hid in the bamboos
And died away.

嵐山やぶの茂りや風の筋

The cicada's cry
Gives no sign
That it is about to die

やがて死ぬ景色は見えず蟬の声

芭蕉の弟子、其角は俳句に新しい洒落を取り入れ、生の不協和音を、また人間と自然の対照性と類似性を表現することに成功しました。

He is a winter fly,
Disliked,
But long-lived.

憎まれて長らえる人冬の蠅

食べ物も季節のものをいただきます。日本人の洗練された味覚はほとんど冷凍食品を受けつけません。冷凍食品は日本人には単調すぎて、味気なさが耐えられないのです。変化を好む特性は家の内部が変えやすいことにも現れています。動く壁と多目的に使える部屋です。動かない装飾はなく、床の間さえ花、配置、絵などで変化します。そうなのです。変化するが芯は変わらない――これが日本人の特徴のかぎです。ですから、質素は国民性ともいえますが、質素にせざるを得ないからだけでなく、芸術的な理由からもそうなのです。無駄を省いて限界までそぎ落とすのが日本の芸術であり、それが基本ながら同時に贅沢三昧にもなります。美を愛し、日本人の秘めたる情熱である美が昂《こう》じて贅《ぜい》を尽くします。殿方がトップコートにあたる黒無地を着ているのをよく見るとしっかりした金糸縫いのことがあります。女性の着物はくすんだ地味な色が多いのですが最高の布地と銀糸が使われていることがあります。生活は簡素そのものに見えますが、日本では世界のどこよりも多額の金をいとも簡単にそれに注ぎ込むのは確かです。

大切にされる老人

もう一つ不思議なのは年齢によって分け隔てがあることです。欧米人は中年を人生で最も充実した時期と考えますが、日本人には不毛な時期です。中年は物事に没頭するには歳を取りすぎ、尊敬の対象になるには若すぎ、楽しみよりも責任ばかりが多いのです。ひと昔前の中国を除いて、日本は老人にはこの世で最も幸せな場所にちがいありません。子供たちは愛され可愛がられますが、老人も同じです。情緒的な愛だけではありません。老人は知恵と経験ゆえに尊敬されています。どこの村でも明るく朗らかで、自立し、健康で、言いたいことを言い、したいことをする素晴らしい老人に出会います。そんな老人は何に対しても熱心で精力的に取り組み、脚も驚くほどしっかりしていて高山にある聖地にもお参りします。共産主義の集いにも、問題がありそうな場所にも出かけます。だいたいそういう会合にいるのは若い人よりも高齢者の方が多く、老人には恐れるものがありません。誰からも尊敬されているので老人は誇りを持っています。九〇歳にもなれば共同体のアイドルです。素晴らしい人生の終わり方です。

こういう結論に至ったのは拙著『大津波』の映画撮影中に木津村ですごした夏のことでした。本書のどこかでそのときのことに触れましたが、魅力的な老人たちのことはまだです。私たちも放っておけず映画に出てもらいました。撮影では老人の一人一人に、元気な息子さん、娘さん、あるいはお孫さんの一人か二人に付き添ってもらったので大集団になりました。シーンの合間に腰かけるイスを持ってもらったり、カメラとの位置関係はどうか、陽差しは強すぎないか、ちょうど良い頃合いにお茶を飲んだかなど特別に注意を払ってもらいました。どの家族もわが家のだいじな老人が演技するのを見て、誇らしそうな様子は心温まる光景でした。老人たちはもちろん自分はスターだと思い、スターのように振る舞いました。ある日、朝雨を降らせてのシーンでしたが、老人たちが狭い石畳の道の片側に並んで一人一人ポーズをとったときのことは忘れられません。落ち着き払い自信たっぷりな姿は強い愛情に裏付けられているからこそでしょうし、また、一人の男として生きている限り一家の家長であるという立場、女性は何歳になっても一家のなかで居場所と影響力を失うことはないという立場がよく分かりました。

家族に関する限り、昔の人たちの言うことはすべて賢明です。ご先祖様が家族に囲まれ家に祀られているところを見ると、先祖がいかに愛され、深く敬われ、大事にされているかが分かります。老人には誰よりも先にご飯と見繕われたおかずが出されます。開け放しの戸口から入る風が老人にあたってはいけません。いやなことで老人の穏やかな人生を波立たせてはなりません。赤ちゃんから父親まで一家全員が老人を敬愛し、恩恵を施し合います。老人は満ち足り、円熟し花が開いているようで、家族に知恵を授けるようにも見えます。老人は経験が豊かで家族にさまざまな忠告をしてやれますが、それにも増して家族はていねいに老人の言うことに耳を傾けるだけでなく、実際に助言を求めるのです。こういう好ましい環境で知恵はどうしても深まります。日本では歳を取ることは良いことであり心底楽しみにされます。アメリカでは、ほとんどの人間にはそうでないのでショックです。アメリカ人は老人を厄介者と受け取りがちです。

日本では家族は昔からある概念でした。起源は儒教かもしれませんが、数世紀にわたって中国から移入され社会の秩序と安定を保つ手段となってきました。家族という考え方は一種の国父である天皇から盗人の頭《かしら》まであらゆる組織にあります。アメリカの与えた衝撃は相当なものでしたが、家族思想は現在でも生きています。

商売も家族のかたちに組織されています。舞台芸術、華道家、音楽家などはすべて家長がいて他者に対し一家の代表を務めます。たとえば、ある人が芸に熟達したとき、その人物は師匠の「息子」と見なされ師匠の苗字を使うことを許されます。師匠自身の息子は師匠を受け継ぐ資格があると認められれば師匠を受け継ぎます。そうでなければ、才能ある若者が養子になり、その才能ゆえに師匠の跡を継ぎます。この家族組織は商業組合の代わりをします。本当の家族のようにメンバーは仕事を失ったときは新しい仕事が見つかるまで保護と支援を受けます。一種の社会保険で日本人の生活の安定に大いに貢献しています。代償は個人が制限を受けることです。独創性は歓迎されません。私の友人の若い舞踊家は革新的なことをしようとしたために所属する「流派」を追われました。

ですから、減る傾向にはあるのでしょうが、日本の象徴はいまでも広い意味の一族であって、一門に限らず国家という門も含めてさまざまな門を束ねる複雑な機構です。平均的な日本人は、自分は忠誠一辺倒の世界にいて、ある程度個性を抑えなければならないという自覚があります。集団が求める忠誠はたしかに封建時代や戦前の日本ほどではありません。封建時代は領主、戦前は天皇に命を差し出しました。今日では誰も三菱やソニーのために切腹しようとは思いません。しかし、大会社は封建領主が置き換わったようなものです。一方に忠誠心、他方に一生面倒を見ることと没個性があります。

純粋な家族単位である家庭は最も変化していません。子供はこの世に生を与えてくれた両親に感謝すること、そして、尊敬される行動をして感謝を示すことを期待されます。家族への義務は成功することであり、家族は信望が得られます。若者は家族の義務に飽き飽きしていますし、確かに個人の自由を制約することもあります。他方で、個人が決して孤立しないことを意味します。日本では、少なくとも、誰かと一緒にいるということでは若者も老人も一人として孤立していません。誕生から死まで家族に囲まれているからです。東京に住む現代の若者はみんなそこで自立するように見えますが、必ず元に戻るようです。先に述べた友人のラジオ解説者はいったん自立してから元に戻り、次に青年ワサブローは独立を目指して渡米しました。私は両親からの手紙で息子がアメリカに行ったことを知らされ、監視してほしいと頼まれました。それは難しいことです。ワサブローは監視はまっぴらご免のようで、二、三ヵ月で私は諦めました。しかし、わずか一年後に両親から、息子が家に戻って来たと知らせてきて、家族の危機を通じて模範的な人間になり、アメリカで良い影響を受けたおかげだと述べていました。家族なしでは人生は退屈で孤立感に苛まれることをワサブローは痛感させられたのです。

この点で、日本の若者はアメリカの若者とまるでちがいます。アメリカでは多くの若者は独立して働きたいと考えますが、日本の若者は〈財閥〉の有名な大会社に入社したがります。大会社に入れば人生は安泰で、今でも封建領主に頼る侍と同じです。アメリカの若者が家を出て独立したがるのに対し、日本人はいつまでも家族と一緒にいたがり、結婚したあともそうです。そこには情緒的かつ実際的な理由があります。一方で、昔ながらの義務と尊敬の絆は家族一人一人を固く結びつけています。他方で、日本では信用は手に入れにくく、それゆえ多くの若者は自立したくてもできないのです。

日本の会社が特定の大学の卒業生を採用したがることも否定しがたい事実です。他の応募者がどんなに優秀に見えてもです。東大閥とか早稲田閥あるいは慶応閥の会社が数多くあり、特定の大学の卒業生が特定の会社で優先されるということです。東大、京大、慶応大、早稲田大、東工大、一橋大がトップ六大学で、このうち五大学が東京にあります。一九六四年春、大会社三〇〇社が採用した新卒者一万四〇〇〇人のなかで九四・八パーセントがこの六大学からの採用者でした。日本には大学が二四五ありますから六大学以外の知名度が低い大学の学生が抱える問題の深刻さが知れようというものです。しかも日本の学生について話をするときはだいたい男子学生についてであることを知っておくべきでしょう。女性は、前述のとおり、大学でも少数派であり、相変わらず会社から相当に差別されています。

大会社に好まれる大学に通学する学生には一種のうぬぼれと無頓着さがあります。憧れの的はもちろん東大です。東大の替え歌というのがあって要約すればこんな内容です。

東大生*、立てばパチンコ、座れば麻雀、出かける先は競輪場。

有名大学の学生のすべてが遊んでばかりというのではありませんが、そういう学生も多いことは否定できません。一年生はどうやら仕方がないかもしれません。生まれたときからの現実的な目的の始まりである入試に合格したばかりだからです。四年生で卒業するまで落第させない方針の下に八年間の猶予があり、卒業後は大会社への就職が待っています。有名大学生はそう思っていますが変化は始まっています。最近では有名大学の学生でも就職口が少なくなっています。やがて東大生も、パチンコ、麻雀、競輪場通いを控えるようになるかもしれません。

東京周辺の全学連の抗議デモに有名大学の学生たちが大勢参加していた理由に、時間を持て余していたことも一部にあるといえます。彼らほど抗議などしない者はいないからです。他方、公正な立場で、今日の日本の学生は世界の問題を敏感に感じ取っており、また、過激なデモは必ずといっていいほど平和を目指す知識人の抗議デモであるということが言えます。その点で、少なくとも、彼らは世界のどこの学生ともよく似ています。

いや、反抗的な日本の若者は世界中の反抗的な若者と変わりありません。新聞や映画で読んだり見たりする日本の「迷える」若者に関する多くのことは誇張されています。国会に火をつけたり、警察と争う姿勢を見せてときに盲目的に行動する若者がいます。なかには将来に自信が持てず、物質主義的で落ち着きのない若者がいるかもしれません。しかし、私が日本の大学の若者と会って話をした限りでは、彼らは総じてたいへん真面目な連中だと思いました。内省的で、やや悲観的であり、大多数は一生懸命に勉強します。創造性には乏しいがコツコツ勉強するタイプで不可知論者*のようですが、狭義のキリスト教の意味を除けば「迷って」はいません。彼らは伝統的な価値観に疑問を持っていますが、世界のどこにそうでないところがあるのでしょう。

一つ言えることは、学生時代にどれほど因襲打破を唱えようが、大会社に就職し仕立てのよいグレーのスーツに袖を通した瞬間に、保守的な人間に落ち着くということです。ほとんどの学生がそうなります。ワサブローのように、若者たちは家族の胸に帰って、権威主義的な父親になり、責任ある社会の一員になるでしょう。

日本の家族には階層制度があり、各人に地位、すなわち敬称があります。一家の三男に話しかけるときは次男あるいは長男に話しかけるときとはちがいます。外国人には分かりにくいのですが、日本人は直観的にどう対応するか正確に把握します。これは古い階層社会に特徴的な事情でそれなりの長所があります。他者との関係で立場のちがいを知っていれば一種の安心感があります。家族が取り囲んでいるので気まぐれな友情や恋愛には頼りません。日本が工業化してすっかり現代的になってもこのまま続いているかどうかは何とも言えません。個人の解放には孤

東大生：パール・バックが来日した当時、ベトナム戦争がらみで原子力潜水艦や空母の寄港を反対するデモや集会が開かれ、大学の講義が休講となり、東大生にかぎらず学生は時間をもてあましていた。

不可知論者：形而上の存在、死後の世界、神のお告げなどの真偽、また客観的な認識は不可能とする立場を指す。

立感という代償が伴うことは自明の理であり、欧米では原則です。

日本の家族制度の下で家族の一員には厳しく求められることがあるのも事実です。私の友人のことが念頭にあります。彼女は妻であり、東京の大手映画会社で働く行動的な仕事仲間です。私は郊外にある友人宅で週末をすごし、彼女の仕事の顔と家庭の顔の両方を見ています。友人はほかの働く女性たちと対照的にいつも着物姿でとても東洋的でエキゾチックです。ただし、仕事場はニューヨークの現代的な職場に勝るとも劣らないほど現代的で、六人いる秘書はアメリカ人に負けないくらいてきぱきと仕事をこなします。国際的な映画会社を経営し、ジェット機でパリやローマやロンドンを飛び回るのを何とも思いません。しかしながら、家庭生活は夫の母親が中心であり、娘は若く才能ある女優です。つまり、日常生活は現代的で大いに成功していますが、伝統的な生活がしっかり根づいているのです。

屋敷は仕切りのない二つの部分に分かれ通路でつながっています。外壁に続く門には閂《かんぬき》がかけてあり、呼び鈴を鳴らすと門番が門を開き、なかに入ります。門を入ると石と池と石灯籠が見事に配置された日本庭園があります。和風建築の邸宅ですが、ガレージは現代的で自家用ロールスロイス、娘のスポーツカー、仕事用のワゴン車がありました。玄関で靴を脱ぎ、着物を着たお手伝いさんがひざまずいて出してくれたスリッパに履き替える以外は、欧米スタイルのようです。小柄なお手伝いさんは何度も何度もお辞儀をしながら居間に案内してくれました。居間の家具はすべて欧米調の立派な家具で、居間の先の食堂も、玄関の広間の先の書斎も同じように立派な家具が備え付けられています。

でも、ちょっと待ってください——部屋はすべて真ん中にある部屋に通じています。まるで博物館から出てきたような昔風の部屋です。床は絨毯ではなく畳です。部屋の真ん中に小柄な老婦人が座布団に座り、婦人の前にお膳が置かれています。老婦人は夕食中でした。そばで着物を着た高齢のお手伝いさんがひざまずいておひつの蓋をとりお茶碗にご飯を盛りつけてお膳に置きます。お膳にはおかずが三品か四品並んでいます。石焼きの魚がまるごと、野菜が少し、たこの刺身などです。

「お母様」

と友人が声をかけます。

私がお辞儀をすると、老婦人はにこっと会釈しましたが、座ったままです。友人は説明します。

「母は和風の生活をしたいし、私たちは母と一緒にいたいし、母も不満はないのでわが家の中心にいてもらっています」

この家はもちろん裕福な家庭です。しかし、貧しい家庭にもだいたい似たような雰囲気があります。各世代が他の世代を思いやる。その時代の世代が他の世代を信頼して安定している。たとえば、私の友人コサカイ家の場合もそうですが、この一家はロールスロイスや食堂間とは縁がありません。

コサカイ一家は本州の中部、木曽川が流れる犬山の町に暮らしています。何百年もこの地で暮らしており、地域にはコサカイを名乗る家がたくさんあります。コサカイ姓を称するのは九八家族、家の数で四六軒にのぼります。家族がたくさん集まっているのは珍しくありません。むしろ、農村地帯では当たり前です。それほど前ではありませんが私は一〇〇年前の古い家に住む一家に再び会いに行きました。家の内も外も糸杉の木は歳月とともに黒ずんでいますがペンキや防腐剤を塗ったことはありません。外側は厚い土壁、屋根は一部が瓦で、一部は厚さ六〇センチぐらいの糸杉の樹皮で覆われていました。思いがけなくその家のお母さんが卵、ご飯、汁、魚そしてホウレンソウの昼食を用意してくれたので、私たちは田んぼに面し遠くに山々が一望できる畳の部屋でいただきました。

その部屋を除き、家の内部は暗くて昔のままです。とくに台所と〈お便所〉はそうです。台所には薪をくべて火を焚く古めかしい竈《かまど》があり、お便所は排泄物をためるようになっていて後で肥やしにします。化学肥料が大量に使われてきていますが、日本など極東の国々ではまだ「下肥」を田んぼの肥やしにします。これは土壌を豊かにする方法として長い年月をかけて有効性が証明された立派な方法であり、現代でも害虫を駆除して汚物を利用する良い方法はないかを研究している日本の科学者たちは推奨しています。コサカイ家の主人は科学の進歩も知らず、現代の便利さにも興味がなく、ひたすら昔ながらの方法が気にいっています。家と同様その家の主の生き方も昔どおりです。それでも家のなかにも彼の生活にも大きな温もりがあります。老いも若きもまったく違和感なさそうに兄弟、姉妹、息子や娘たち、伯父や伯母、従兄弟、孫たちが集います。同居するお嫁さんはこの家をうまく切り盛りしています。

一家にお嫁さんが来て、嫁がお姑さんに従わなければ家のなかでもめ事が起こりかねないというのはそのとおりで、嫁は当然姑に従わなければなりません。私の友人ですが、彼女は才能豊かな作家で今は中年ですが、夫の母親とうまくゆかず辛《つら》い時期がありました。結婚当時はかなり解放された人間の部類で、アメリカの大学を卒業したかなり現代的な女性でした。彼女は一般的な見方からすればいつまでも結婚せず、ついに恋をして——彼女も恋をしたのです——恋愛結婚を決意しました。相手はその時は独り身で、子供と母親といっしょに暮らしていました。友人はその男性と結婚したいと思って友だちに仲を取り持ってくれるように頼みました。これは日本の女性がもう一つ自由を手に入れたということかもしれません。つまり、誰か好きな人ができたとき相手の申し出を待つのではなく、両親または仲介者に依頼して相手に近づくことができるということです。実に適切であり、気持ちが通じているかどうかを確かめる賢いやり方だと思われます。彼女の場合、相手と気持ちが通じ合っていて結婚することになりました。二人の関係は良好で、外国で教育を受けてはいましたがひじょうに日本的な妻になりました。

　ところが、彼女には夫の家風は古めかしすぎることが分かりました。老いた姑は彼女や子供たちを抑えつけ、彼女を経験も教育もない者のように扱いました。これにはうんざりでした。何度諍いをくりかえしても負けるのは決まって年下の方でした。姑は子供に母親なら与えないような食べ物を与えたり、させたがらないことをさせます。強く諫めたほかは老婦人と言い合うことはありませんでした。所詮姑は姑であって立てるべき人だからです。姑の言うことは法律でした。夫がつねに母親をかばったことが問題をさらに複雑にしました。母親をかばうのは息子の義務であり、夫は義務を果たしたのです。妻もそれは承知の上でたまらないほど孤立感を抱きました。独裁者のような老婦人に何度も折れた挙げ句に自分の立場が支え切れなくなりました。彼女は本を出版して一部に姑との確執や心の内に込み上げる深い憤りについて書きました。

　物事を丸く収められる女性もいます。その女性は日本から一歩も出たことがない根っからの日本人ですが強い個性の持ち主でした。逆にお姑さんはかなり従順です。意志のぶつかり合いがありますが、だいたい若い方が勝ちます。幸い夫は妻を強く愛していて、懸命に公正であろうと努めますが、年長者に敬意を払うよりも妻に味方しました。ここには日本の習慣に対するアメリカの影響があったと言わねばなりません。昨今では結婚には仲の良さと愛情が求められ、夫はどちらかというと妻の肩を持つようになっています。

嫁たる者の大きな喜びは自分が姑になる番がくることです。女性はそこで本領を発揮します。どんな姑になるかは彼女の姑がどうだったかによります。姑がやさしい人だったら、時がめぐり環境が整って自分がその地位に就いたとき、やさしい姑になるでしょう。ところが、夫の母親が横暴で専制的だったら、そのときは――息子の妻に用心させるようにしましょう。

とはいえ、全体的には日本の家族制度は最小限の摩擦で機能しています。ふつうは愛と尊敬の心で仲良く暮らしているので、国内の大きな団結力になっています。現在のかたちが続くかどうかはまだ分かりません。私は続くような気がします。それはすべてを変えても昔からの中心機構を変えなかった日本の歴史と伝統の内にあるからです。私たちアメリカ流の生活はまったく異なる祖先と歴史から発展しています。私たちの先祖はふつうは反逆者として家族と別れ、自国を離れて原野から国をつくりました。アメリカ人は先祖との関係を絶ちました。他方で、一〇〇年、二〇〇年かけて変わることのない家族の絆を新しく打ち立てる前に産業時代が追いつきました。新しい環境の新しい人びとに起きていることが、昔から平穏にすごしてきた古い人びとに起きているとは必ずしもいえません。産業化社会では家族制度は一つとして消えずに残ることはないと言われています。古代アジアで最も近代的な国であり、現代の欧米の同盟国で最も歴史のある国である日本は、その言葉に異議を唱えるかもしれません。

Ⅶ

芸者

私は日本社会の強固な家族制度について自信をもって書きましたが、さまざまな年齢の女性についても考えています。妻たる者は、古今を問わず、結婚と同じくらい古くからいる別の生き方を選んだ女性たちに脅かされることを承知しています。男性の伴侶とはいっても妻ではない女性たち、芸者のことですが、芸者はバーの女性とはちがうので、混同しないように。

茶屋には独特の奥ゆかしさがあります。淑女の館だからです。男性はここでは売春宿のようにはいきません。きちんとした紹介がいります。茶屋はホテルでもなく、芸者は泊まりません。茶屋は男女が楽しめる場所なのです。

東京にいたとき、私の友人である映画スターの早川雪洲*が賑やかに芸者遊びをしました。客はアメリカ人夫婦と私以外は全員が日本人でした。茶屋は広々としていて、美しい和風の家具調度品が備え付けられています。仲居に靴を脱がせスリッパを履かせてもらったあと、ぴかぴかに磨かれた階段を上がると、大広間がありました。障子を開き、提灯が灯されていました。畳の部屋の真ん中に低い大きな食卓があり、周りに座布団が敷かれていました。着いたのは私たちが最後で、芸者に案内されて席に着きました。男にも女にも芸者が控えていました。すぐそばではなく右肘のあたりにひざまずいています。私のそばにいる芸者は光沢のある錦織の着物を着た可愛い人で日本髪でした。英語を少し話し、私の本をいくつか日本語訳で読んだなどと喋りながらお茶を入れ和菓子を出してくれました。私はおずおずし、こんなに丁寧にされると妙な気がしましたが、芸者には当然のことで、女性客にはまるで姉妹のように接するのでおもしろいと思いました。

男性客に対しても馴れ馴れしさはありません。芸者は客の膝がつくほど近寄って座り、ときどき何気なく客の手に触れましたが、それ以上は何もありません。きれいにお化粧し、華やかな着物の下に重ね着をして厚い帯を締めていますから何となく近寄りがたさがあります。芸者は芸があり、会話が巧みだと聞かされてきたのですが、私は日本語ができないし、芸者も英会話の訓練を積んでいないのでよく分かりませんが、少なくとも私の相手をしてくれた芸者の会話力を測る術はありませんでした。芸者は客に話を合わせるようです。それで真面目な話にもきわどい話にもなるのでしょう。相手を楽しませるように教えられているからです。

私がいちばん楽しんだのは舞踊です。「芸者」という語は〈芸術家〉という意味で芸者の多くが舞踊家です。歌や三味線などの楽器演奏もいいのですが、私は舞が好きです。舞の動きは優雅でなめらかで、着物の長い袖や扇がひらひら舞います。欧米の舞踊は官能的なものが多いのですが、日本の舞はそうではありません。早川雪洲が催した宴でいちばん上手に舞ったのは五〇歳は下らないと思われる芸者でした。その舞は能からのものか、能の舞に手を加えたものかと思われる様式化された舞でした。美しいなかに威厳があります。よく〈舞子〉と呼ばれる若い芸者が賑やかな踊りを披露するのですが、その夜は舞子はいませんでした。

いつでしたか、客のなかに相撲の横綱がいました。体重が百数十キロあるスター力士でした。場所中のため力士は早めに席を立ちましたが、帰り際に私たちアメリカ人一人一人と握手しました。あんな手を見たのは初めてでした。ぶ厚くて、柔らかく、強く、象の足の裏のようでした。私の手は力士の手のなかに埋まってしまいました。一瞬あわてて見上げると、はるか上に不動の大きな顔とやさしい目がありました。日本独特の対照がここにもありました。芸妓の見習いには芸妓の娘がなることが多いのですが、孤児や芸者志望の少女もいて、四年ぐらい修行してから芸

早川雪洲：国際的映画俳優。パール・バック原作の日米合作映画『大津波』で熱演。代表作は『戦場に架ける橋』（一八八六〜一九七三）。

者組合の試験を受けます。試験に合格したらいつでも「卒業の儀式*」といわれることが待っています。ふつう財力のある通人がこの通過儀礼を行いますが、芸妓の同意は必要で、芸妓が候補者のなかから選ぶこともあります。

よく混同されますが、芸妓と娼妓には大きな違いがあります。芸妓は男性の庇護を受ければ、ふつうはその男性の愛人になります。妻になることもあります。芸妓の地位は戦時中いくらか低下しましたが、現在は昔の威厳を取り戻しました。芸妓は性的サービスで生活費を稼ぐことはしませんが、美しく豪華に着飾る必要があるので着物に大金を費やし、その借金を返すために仕方なく男性の世話になることもあるでしょう。日本では芸妓や娼妓にロマンスがつきまとってきました。何といっても男が心を通じ合える女は芸妓や娼妓なのです。結婚は家族同士の結びつきです。妻は信頼する人間でなくても、友人でさえなくても、子供を産めばいいのです。妻の地位は定まっています。妻が召使いのような場合もあります。もちろん、ふつうの召使いとは格段に差があります。こういうことは夫婦関係にまだ消えずに残っています。妻の態度や話し方は伝統によって形づくられます。つまり、妻は家のなかのことはめったに話しませんが、近所づきあいではかなり遠慮しなくなりました。生活はやや退屈かもしれません。芸妓と自由に通じ合えればもっとおもしろいこともあるのではないかと想像します。

日本女性はアメリカ人と出会う前は何百年も日本の男だけしか知りませんでした。女は当然ながら男に従属していました。妻になるか芸妓になるかでした。妻になる方を選べば、その男の子供の母親であり、男の家の家政婦でした。家は女の領土であり、夫は絶対君主でした。夫の食事が終わるまで待ち、夫より先に話したりしません。夫が帰ってくるまで起きて待ち、何くれとなく夫の世話を焼きます。もう一方の関係を選んだ場合は妻であることの安泰を放棄し、最高の芸妓になるか、最低の娼妓になるかでした。

芸妓も娼妓も身分の保障はなく男の囲われ者でした。娼妓は性に精通していればすみました。しかし、芸妓は知識人の相手が務まるよう、また、芸術的才能のある男性の相手がつとまるような修行が必要でした。物知りで芸に秀でていなければなりません。才に長けた女性だけがそういう修行を乗り越えて己の才覚で有名になりました。芸妓は男を自分の家に入れませんでした。男が集まる家で楽しませました。そして、ほどほどに官能的で微妙な声と楽器を用い、会話と音楽で少なくとも一時を楽しくすごさせます。そして、たいてい恋愛を匂わせる手練でうっとりさせますが、その手並みは修行で身についたものでしたし、今もそうです。

仮に一人の男と深い関係になったとしても、それはたまたまであり、男は別宅に芸者を囲います。その女と結婚することもありますが、初めから結婚を望まれているのではありません。日本の詩的な恋物語は、中国とは対照的に、芸者と恋人の間のロマンティックな思慕の情が中心です。中国では恋愛はだいたい女が第二夫人として男の家に入ることで終わります。日本では家族と恋愛という二つの領域は決して結びつきません。日本の男は子供をもって家を維持するために親が選んだ女と結婚します。彼の「人情」は別の世界の女との関係を通じて満たされるのです。日本ではそういう感情は必ず許されます。さらに、そういう関係は芸者には保障かもしれません。芸者は、男を受け入れると決心すれば、どのくらいの期間、何をしてくれるのかを明らかにした契約に署名することを求めます。恋に落ちても契約なしのときは、女がリスクを取ります。

男も女もこういうことは全部承知の上ですが、女の側に条件がつくことはもちろんあります。どんな形であれ日

卒業の儀式：水揚げ。芸者・娼妓が初めて客に接すること。

本人の性に対する姿勢は欧米よりはるかに寛容です。性の衝動——人情——は当たり前のことで、特別な興奮を惹起したり、特別に取り沙汰することはありません。ポルノは罪や俗悪とは見なされず、エロチシズムは自然のことなのです。子供は自慰を止められませんし、大したことと思われません。大人でも自己性愛は個人的なことで他人がとやかくいうことではありません。どうでもいいことなので罪に結びつかず、品行方正な人や成熟した人は自分にはさして重要なことではないと考えるかもしれません。同性愛も日本では「人情」として受け入れられます。「人情」は咎められない領域なので、伝統的に高い地位に就く男性にも同性愛はありました。この常道ではない感情は今でも強くありますが、明治時代に欧米の同性愛に対する考えを知り、違法として罰せられるようになりました。そういう法律は「人情」を受容することと矛盾したので遵守されませんでした。日本人の目には同性愛は大人の間なら衝撃的に映ります。自尊心の高い大の男が受け身で女役を演じることは沽券に関わると考えるからです。少年ならば許せるということでしょう。酒に酔うことも「人情」の一部として理解されます。時と場所をわきまえれば、ときには酔っ払ってはめをはずすことを否定しませんし、芸妓や娼妓と夜を過ごすことも否定しません。しかし、正気ならば自分や家庭生活をめちゃめちゃにしてまで酒や女と戯れることはしません。仕事や家庭を壊すほど遊びに時間と労力を浪費してもかまわないという男ならば、その男の正気度は真剣に疑われるでしょう。つまり、日本の生活では酒や性は道徳と直接結びつきません。とりわけ性は自然の必要であり自分で最も良いと思う方法で処理すべきと考えられています。良妻は家事を担う家族の一員として文句を言わずに夫の売春宿やバーの勘定を支払います。

悲しくないのでしょうか。前に男と女について女性たちと話し合ったことがありました。

「夫が別の女性と寝ても平気ですか」

私は質問しました。

いろいろな答について徹底的に議論した結論は欧米の女性グループと同じでした。友人のハルコが簡潔に言いました。

「夫を愛していれば傷つきます」

と。

かつて中国で同じ質問をしたときも、伝統や風俗習慣はちがっても、答は同じでした。人の心は世界中どこでも同じです。

しかし、現代女性で「人情」を持つハルコですが、大阪の成功した実業家である夫が夜仲間と連れだって茶屋に行くときは、夫がきちんと見えるように面倒を見ています。ハルコの夫は美男子で、妻としては夫が他の女性たちからいちばん素敵に見えることはプライドに関わります。

出かける前に夫が独特な笑い方でハルコを見たら、彼女にはすべて分かります。

「遅くなれば待たなくていい」

夫は言います。

「楽しんでください」

ハルコは答えます。

もちろんハルコは待っています。涙に暮れた数日は終わりました。夫が――気分を一新してとてもいいましょうか――帰って来たとき、ひと言も文句を言わずに愛想よくお茶を入れてあげました。彼女の人生は自分と別の女性という二つの領域に分かれていて、自分の領域内ではつねに満足とは言えませんが安泰です。

日本の女性が己の運命に満足するかどうかは、どの程度欧米化するかどうかにひたすらかかっています。友人のセツはアメリカで生まれ日本に戻った二世ですが、医師で、美男子で、成功を遂げた日本人の夫に全然満足していませんでした。夫婦は夫が午前様で帰宅することで言い争い、夫が帰って来なくなって夫の勝ちとなりました。セツはハルコとまったく同じように寝ないで夫の帰りを待っています。

「それでいいの」

私はセツに尋ねました。

「もちろんいいわけはないけれど、私に何ができるというの」

アメリカ人らしく憤慨しながら答えました。

日米男女の出会い

日本人はかように二重人格的な存在です。男性は尊敬すべき父親であり会社員である一面と、思いのままに「人情」を満たす男の一面があります。女性は妻でありPTAなどの会合、近所づきあい、そして仕事などで発言する母親としての面と、女性らしさや従属的役割を受け入れて男を喜ばせることに専念する義務を持つ女としての一面です。アメリカ人の男は、このようにはっきり規定された伝統的な男女関係のなかに入り畏敬に似たうれしさで周囲を見回しました。アメリカ人の男が日本で何を期待したのか知りませんが、出会った女性は思いがけない存在でした。日本の女性が征服者アメリカ人に何を期待したのか知りませんが、出会ったアメリカ人は思いも寄らない存在でした。両者の出会いをあれこれ考えるとわくわくします。二人には予想外の驚きが昂じて恋心が芽生えました。

アメリカ人が知ったのは従順で快活な女性でした。女は男の虜になり、女とはこういうものかと思わせるほど男に即座に完璧に応えました。しかも、昔馴染みのように男に接しました。男というものを知り、いかに男を良い気分にしてやるかを心得ていました。男が気に入ることを何気なくやってやる、手でやさしくさすって頭痛を鎮めてやる、疲れた足を揉んでやる、堅苦しい軍服を脱がせて肌触りの良い木綿の浴衣を着せてやるといった具合です。狭い家の静けさのなかで男は経験したこともないような専制君主になりました。そこにいるのは相手に気に入られるようにするだけでなく、相手が自己満足できるようにすることが喜びである女性だったからです。満たされるべきは身体も心も区別ありませんでした。身体と心は切り離せないもので満足は総合的なものであることを知っていました。女は男が欲しがるものは何でも与えました。やさしい看護婦であり、快活な伴侶であり、情熱的な恋人でした。女は慎ましく控え目でしたが、性については日本の自然主義のなかで鍛えられてきたので大胆でした。

さて、男は――男は女に何を与えたのでしょう。男は女に好意あふれる扱い、思いやりを与えました。女には初めての経験でした。女は大切にされ愛されていると感じました。ペットのように可愛がられ愛されて驚嘆を受け取る対象であり、とりわけ大事にされ幸せにしてもらえることを実感しました。それまで女は自分が価値ある存在であると考えたことはありませんでした。初めてそれを知ったのです。それはお互いの発見であり、情を通じることも多かったはずです。結婚生活からは多くの子供たちが生まれました。完全に日本人でもアメリカ人でもなく、日本人でもアメリカ人でもある子供たちです。この子たちは新しい人種であり、二つの民族が戦争と恋愛で出会った必然の結果ですが、世間はこの子たちとの関わり合いに戸惑いました。他の国でも同じですが、日本では、アメリカ人と日本人の間に生まれた子供たちは頭を悩ませる問題で、まだ解決されていません。そうこうするうちに、恋愛は実を結び二人は一緒になることになりました。日本人の思考と哲学に大きい位置を占める「人情」の領域はアジアにも欧米にも影響を与えました。ただし、現実にはアジアも欧米も「人情」が生んだ新しい子供、早く生まれすぎた闖入者をなかなか受け入れませんでした。

さて、最後に、話を芸者に戻すと、芸者もいつか世の中で珍しい存在になるでしょう。本物の芸者は、日本人でも欧米人でも刺激を求める男性と男女関係に溺れることはありません。芸者は「もう一方の女」であり、家に鎮座する女の怒りを買いますが、芸者は組合員であり、苦労して修行を積み試験に合格して地位を手に入れた女性です。また芸者は芸に秀でており、ときには現代の競争相手であるバーの女性の方が可愛いかもしれませんが、バーの女性たちより成熟した真に才長けた女性たちであって、芸者の世界の外で芸を披露することはありません。芸者は今日では旅行者や五〇代以上の会社役員のためにいるようなものですが、まだまだ若い世代の男性にも魅力的に映ります。二〇年後には芸者はいなくなっているかもしれません。男性の好みが変わりつつあるからです。

欧米の男性と同様に日本の男性は女性ともっと露骨な性的つき合いを楽しみ始めています。まさにアメリカがもたらした変化ですが、現代のストリップが日本にもとどいた今では、裸に関してはつねに自然主義であった日本人は極端に走ります。ダンサーにすべて脱ぎ捨てることを求め、それでも足りません。裸のダンサーが、たとえば、腰の筋肉を動かして体操のような動きする芸を見たがったり、猥褻な露出行為を見たがるのです。そこにはある種の子供っぽさ、あるいは思春期の心理状態といえるものが確かにあります。日本の男性は人間としての女性と付き合うことを知りません。

それでも、対照的に、家庭生活はそれこそ純粋に伝統的なまま残っています。親を敬い、子供は愛され、めったに罰を受けません。何度も日本を訪れましたが、子供が殴られたり、ひっぱたかれるのを見たことがありません。いえ、一度だけ——いつか田舎道を歩いていたとき誰かが大声で叫ぶ声が聞こえ、角を曲がると、農家の母親が八、九歳の息子を短い箒でぶっているのところに行き会いました。男の子はぶらぶら寄り道をしながら学校から帰って来たところだというのが分かりました。ランドセルを背負っていたからです。

母親は手を止めて私を見つめ、男の子も私を見つめました。私のどこかがおかしかったのか、二人は同時に大笑いして一緒に家のなかに入りました。地面に箒がそのまま残っていました。拾い上げると、子猫でも傷つきそうにない柔らかい藁でした。

Ⅷ

人情と躾

道徳観と規範

ここで少しアメリカ人と日本人の道徳観と規範の違いについて考えてみたいと思います。アメリカ人はこの領域を精神と肉体で対立させるきらいがあります。精神が勝つことが理想ですが、肉体が勝利することがあまりにも多すぎます。日本人はそういう分け方をしません。少なくとも良い、悪いという分け方をしません。日本人は人間には二つの心があり一つは「やさしい」心、他方は「荒ぶる」心でそれぞれ必要であると考えます。人はやさしい心にも荒々しい心にもなり、やさしい心の方が好ましいのでもなく、荒々しい心と闘うのでもありません。人間性は本来善であり、人間は己のいかなる部分とも闘う必要はないと日本人の哲学者は主張します。然るべき時にそれぞれの心を正しく使うことを知っておけばよいのです。日本人にとって美徳とは、他者に対する己の義理を全うすることです。現実の人生でも、虚構でも、ハッピーエンドは必要でなく期待もされません。義務を全うすれば、その結果どれほどの悲劇が生まれても満足ゆく結果となるからです。しかも義務には自分に恩恵を授けてくれた者への義理と己の誉れとしての自分自身への義理が含まれます。人はこの二重の義務感を通じて自制に努めますが、場合によっては同時に寛大で厳格なことがあります。

自制が身につくまでの道のりは子供のときから始まります。生まれたときから始まると言えるかもしれません。そのことを友人のマツモト一家の話で説明しましょう。マツモトは本名ではありません。東京郊外にあるマツモト家に心地よく滞在させていただいたときのことをあからさまに披露するのは、私としても良しとしないからです。私は数ヵ月のあいだ田舎風の家で静かな生活を送りました。部屋の窓を開けると、遠くに丘陵が広がっていました。一家には三世代が暮らし、一世代目は昔風の伝統が根づいています。二世代目の長男は家長であり、電離層の研究で

太平洋に面した畑

小麦を括る（北海道）

農村や田舎町では

昔風の生活が続いている

田舎の人

牛飼い(阿蘇山近郊)

道路補修の一団

子供を抱く農村女性（九州南部）

山村の男性（仙台近郊）

人びとは土地を耕し、家畜の世話をして
実り豊かな土地で働き……

小さい川で釣りをする(東北)

田舎道で(青森)

農場で(北海道)

土地を耕す(九州南部)

網を投げる漁夫

……人も自然も昔からの四季にならう

ノコで挽く（東北）

市街地では新たな時勢がはっきりと

薬局（京都）

映画館の入り口

薬局には現代的なショウウィンドーがあり、
賑やかな街の映画館付近に易者が開業する

町の易者と顧客（広島）

市場の女性たち（長崎）

野菜を売る女性（青森）

仕事へ、市場へ、
人びとは日々流れる

出勤途中の会社員（東京）

道路の風景（東京）

花火を売る(東北)

鉄鉢《てっぱつ》を持って(東京)

魚市場でタコを売る(東京)

夜景：東京の繁華街

昼も夜も街は
生活感に溢れる

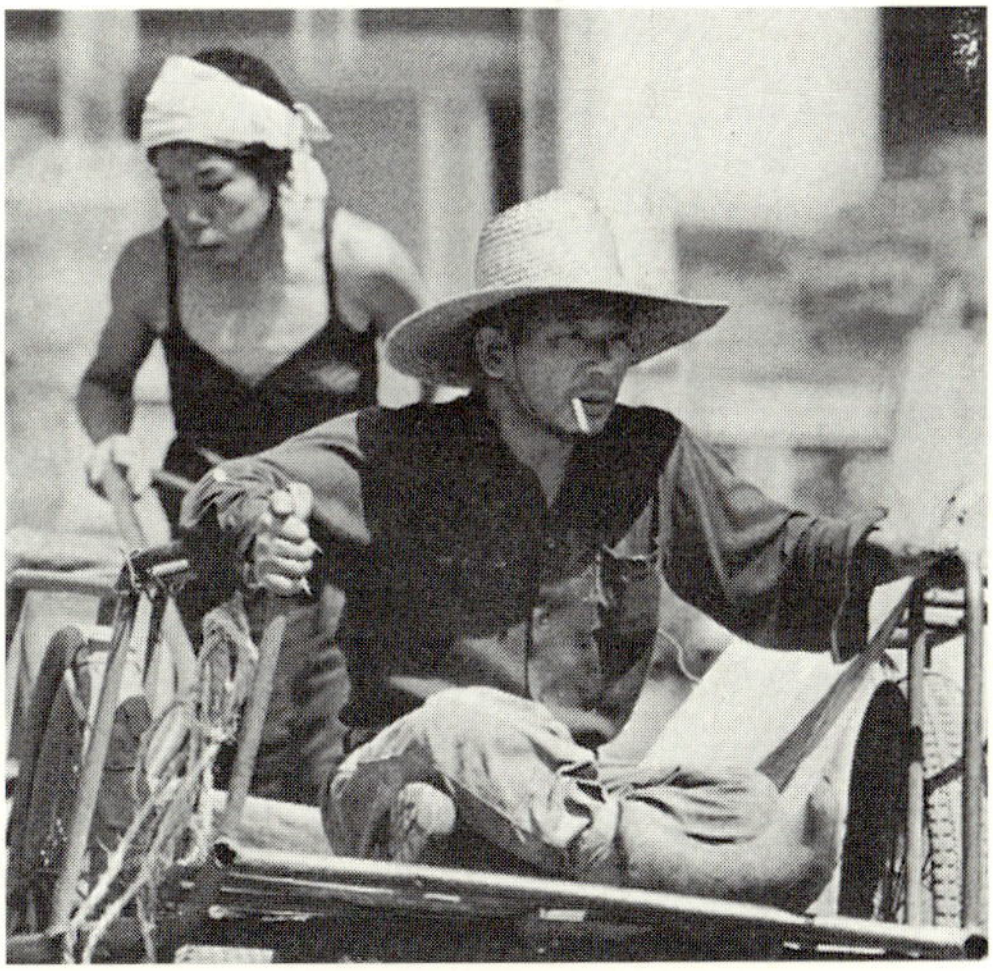

リヤカーに乗って（青森）

（左上） 夜の町で（北海道）
（左下） ウィンドーショッピング（九州）
（右上） 町の風景
（右下） 若いハイカーたち

は有名な若い学者です。三代目は男と女の二人の子供で、毎朝こざっぱりした服で家を出て行きます。ちょうど三人目の子供が生まれたのが私がこの家に到着した週でした。丸々した元気そうな次男です。友人のスミコは病院でお産をせずに、他の子供たちと同じようにこの家で子供を産みたがり、赤ん坊は春の好天の日の朝に自宅で生まれました。私は赤子がどのように家族に受け入れられるかに興味がありました。もちろん洋の東西を問わず家族は喜んで新生児を迎え入れますが、日本では夫婦は家族を受け継ぐ義務についても考えています。子供がいない夫婦は人間としても夫婦としても完全ではないと感じます。赤子の父親であるヒデキは次男が生まれたので特に喜びました。

「たしかに長男がいますが二人いれば安心です。分からないでしょうね。息子がいれば墓を守り、家族の栄誉を維持してくれるでしょう。息子が生まれて私は父としての義務を果たしました。息子は私の息子としての義務を果たしてくれるでしょう」

母親も子供が三人になって安心しました。日本の女性は子供を欲しがります。子供を産むことに義務感をもっているからです。日本の出生率は一九三〇年代にはアメリカの二倍でした。いまは人口が安定しているのに母親はまだ強い義務感をもっています。私はスミコの出産に興味がありました。出産そのものは人目につかないようにされ、スミコはお産のとき周囲をはばかって一度も声を発したりしませんでした。ちょうど私の部屋は小さい庭を挟んでスミコの部屋の真向かいに当たりましたが、夕食のときヒデキからスミコは出産したので今日は失礼していると伝えられるまで物音一つしませんでした。

翌日、赤子を見てほしいと言われて行ってみると、赤子はスミコのそばの小さい藁布団の寝床に寝ていました。スミコが絹と羽毛を使って小鳥の胸のように柔らかい掛け布団を作っているところを見ていました。赤子は母親のそばで専用の寝床のほうが寝心地がいいとスミコは言いました。

「息子は生まれたときから独り立ちすべきです」

ヒデキは言っていました。

「もうじき私が母親であると知ったら、自分から私の寝床に入ってくるでしょう」

スミコは私にそう答えました。

日本人の子供はなんと早くから自立させられるのでしょう！　親の子供に対する態度をひと言で言うとすれば、私は「尊敬」という簡潔な一語をあてます。愛情はどうでしょう。赤子は母親の胸に抱かれた瞬間から、溢れんばかりの愛情が注がれます。母子にとって授乳は心理的に大事です。三日目ぐらいに私はスミコが赤子を胸に抱く様子をよく見かけました。時間はあってないようなものです。

「お腹が空くと分かるんです」

とスミコ。

「授乳はいつまで続けるの」

私は尋ねました。

「私が続くかぎり。次の子を妊娠するまでかしら」

スミコは言いました。

スミコは古風でしょうか。そうでしょう。最近では若い母親の授乳期間は短いといわれるからです。スミコの息子は恵まれているのでしょう。生後一ヵ月がすぎるまで母子は仲良く二人ですごし、そののち赤子は体内の魂の無事を祈りに神社へお参りします。それからは母親に抱かれたり背中におぶわれて家族と同じように生活しました。スミコはどこへ行くにも赤子連れで、四ヵ月になるかならないうちにトイレの躾を始めました。静かに口笛を吹くようにして赤子をだますのですが、ずいぶん前に中国の母親から同じ音を聞いたものでした。その間も年長の子供たちの躾は徐々にですが途切れなく行われています。主に模範を示しながらの躾です。

「いいですか、お父さんは何かするとき泣いたりしませんよ。大人ですから」

スミコは長男によくそう言っていました。

「ぼくも大人だよ」

息子は答えて、すぐに泣き止みました。

ご褒美はちょいちょいあり、適宜に菓子や安いおもちゃを与えます。私は夫妻が子供の新しい経験のお膳立てに努める姿を興味深く観察していました。たとえば、長女にはすぐ癇癪を起こす癖がありました。親は愛情深く、忍耐強く、子供をあやしてやめさせようとしました。しかし、小学校に入学する前になると躾は厳しくなりました。学校に上がったら癇癪を起こさないようにしないと家族が恥ずかしいからやめなさいと長女に告げました。家族に恥ずかしい思いをさせることは子供にとって最大の恥なのです。長男は学校に上がる前に早起きできない癖を「治す」ために仏教の僧侶のところへ連れて行かれました。僧侶がこの特別な病をどうやって治すのか正確には知りませんが、ふつうは僧侶と子供が真剣に向き合い、僧侶がお祈りをして、治ったことを告げるという形を取ります。子供の悪さがとくにひどい場合には思い切った手段を講じることもあります。薬草を粉にしたもぐさを丸めてお灸をするのです。皮膚と心に少々傷痕が残りますが、子供の癇癪や強情など親の苦労を救うには効果覿面《こうかてきめん》です。行きすぎと思われるかもしれませんが、やけどはごく小さく、くりかえされることはまずありません。

マツモト家の子供たちは眠るときも躾があります。日本中の子供たちがそうです。スミコは娘に寝るときは両脚を揃えて真っ直ぐに静かに眠りなさいと教えました。息子はもう少し自由ですが、彼も母親が父や、父の実兄でこの子が慕う伯父をそっと褒める言葉を聞かないうちは掛け布団を剝《は》ぎ飛ばすことはできませんでした。立派な人や尊敬する人との張り合いで少年の基準が定まります。

愛情豊かな家族ではありますが、息子が強情に勉強を嫌がると容赦なく息子をはねつけることもあります。息子と言いましたが、女の子で言うことを聞かない子というのは聞いたことがありません。ところでスミコからヒデキの末弟の話を聞きました。末弟は家では手の焼ける子、学校では怠け者で、とうとう家族全員が恥ずかしいと思うようになりました。一〇歳のとき家族からも先生からもクラスの友だちからも無視されて行き場を失いました。彼は自宅近くのあばら屋に住み、母親が家族の仲を取り持って家に戻れるようになるまで食べ物を運んでいました。末弟は謙虚な子供になって家に戻り、以後手を焼くことはなくなりました。家族という唯一の安全な場所から放り出されると、どういうことになるかを知ったのです。苦い体験でしたが、その事件は日本で生きることの意味を教えました。家族なしには個々の人間も存立しえないということです。

日本人が自制を教える真の意味は何か。躾の目的は習慣を身につけさせることにあると私は思います。ルールをくりかえし教えて、本能的にそれに服するようになるまで絶え間なく実践します。このくりかえしは年長者の期待によって増えます。年長者は子供が従順であることと素直に学ぶことを期待します。要求は穏やかに始まり、幼い子供の年齢に合わせて加減されます。時の経過とともに次第に厳しくなります。ある日そのことを話し合っていたとき、ヒデキは自分の子供の頃の話をしました。

「僕は柔らかい網にくるまれ、それはどこへ行っても離れない感じがしました。子供の頃からどこへ行くのも自由でしたが、どこへ行っても穏やかながら容赦ない強制のようなものを感じました。それは私の周りに張りめぐらされた家族の強い期待でした」

「でも貴方もスミコも同じ網を子供たちの周囲に張りめぐらそうとしているのでしょう」

私は尋ねました。

「いや」

とヒデキは答え、しばらく考えて頑《かたく》なに答えました。

「いや、私どもはちがいます」

しかし、スミコは聞いていても黙っていました。

ヤマグチ一家の思い出

さて、暖かい日本の家庭から遠く離れて、私はそこで知ったことを思い返しています。何百年間も日本人の生活と考え方を取り巻いてきた愛情と規律の網に代わるのは何だろう。自由に生きることは恐ろしいにちがいないからです。少し前に私は宇宙飛行士がたった一本の命綱を頼りに宇宙空間を遊泳する姿をテレビで見ていて、物理的な宇宙空間ではありませんが、今日同じ経験をくりかえしている地球上の民族を連想しました。インド、インドネシア、インドシナの人びとはかつて、不愉快ながらも諸外国の帝国支配にずっと甘んじることで安泰でした。たとえば、戦前のインドでは若者たちはイギリスが支配しているので何もできないと不満でしたが、そこには一種の呑気といいますか、無責任で時には陽気とも言える空気がありました。しかし、戦後になり最近インドを訪れた際は人びとは一変していました。呑気さに代わって重い責任を案じる顔つきになり、盛んに自己批判するようになっていました。日本でも同じような変化があります。日本には確かに反抗の矛先となる外国支配こそありませんでしたが、因襲的な政府や社会の網がありました。どの民族も宇宙飛行士のように命綱にしがみついていれば今日でも命綱を有効にしておけます。日本人は現代にも通用する伝統を選んで保存することで命綱を保っています。

最も役立つと思われる伝統は日本人が「人情」と呼ぶものに土台がありますが、そのすべてが快楽の追求と関係しているのではありません。たとえば、マッカーサー司令官はアメリカ政府の指令に従いつつ、天皇の地位を守った際に「人情」を利用しました。日本人は天皇を中心とする昔ながらの政体である基本構造が破壊されたらきっと強い喪失感を抱いただろうと思います。日本人の奥深い「人情」は無惨に粉砕されていました。日本人がそのことを最もよく知っています。まさに日露戦争に勝利した日本は征服者として同じく天晴れな判断をしました。一九〇五年、旅順でロシアの司令官ステッセル大将が降服を受け入れる用意がある旨を宣言したとき、乃木大将はステッセルの手を握りしめ彼の勇気ある指揮ぶりを称えました。ステッセルはいたく感動して乃木の二人の息子の戦死を悼み、その上、最大の捧げ物として彼の愛馬を戦勝者に献上しました。乃木将軍はこの馬は天皇に献上すべきだが、自分に下賜されたら長く愛養すると答えました。馬は乃木将軍に下賜《かし》され、自宅近くに神社のような立派な厩舎を建て、約束どおりに馬を大事にしました。乃木は「人情」に従って行動したのです。

日本では「人情」に関する態度と厳しい個の制約とのあいだに明らかに対立があります。でも「対立」という言葉が正しいといえるかどうか。むしろ私は「人情」を斟酌することが抑圧された個のはけ口になると見ます。個人にかかる義務の重圧はときに耐えがたく、爆発することは必定です。そういう場合「人情」が償いを提供するので審判はそれほど厳しくありません。ここで友人のヤマグチ一家のことを思い出します。名前はもちろん仮名です。ヤマグチさんには若い息子がいて、悩みの種です。イサムとでも呼びましょうか。イサムは現代青年です。二五歳、スーツに身を包み、自動車を三台持ち、大の学校嫌いです。数年前にヤマグチさんはイサムをアメリカの大学に入学させられないものかと尋ねて来ました。東京のナイトクラブの女性たちから息子を遠ざけるにはそのほうが良いと父親は判断しました。あいにく大学の入学時期は過ぎていましたが、幸い中西部のカレッジに入学させることができました。まもなくすると学長から手紙が来るようになりました。イサムは毎朝きちんと起きて授業に出ようとしないようでした。今までそういう生活をしていませんでした。試験を受けることも沽券に関わると考えていました。つまり、イサムはオハイオ州でも日本と同じ生活を続けていたらしいのです。その上、彼は自分の魅力と潤沢な資金によって友だちを集めていました。

「イサムは金を持ちすぎています。少なくとも毎月五〇〇ドルはある」

困った学長が手紙で知らせて来ました。

私はクリスマス休暇を一緒にすごすのでイサムに説教してやりますと約束しました。しかし、イサムが私の家に現れたら言いそびれました。彼は愛想のいい青年で、素直だしいつも笑顔でした。私には日本人とのハーフで養子にした娘が三人いますが、この娘たちがイサムをひきとって徹底的に揶揄《やゆ》していました。彼は冷静沈着で、動揺せず、一向に変わりません。私は学長の悩みが分かり始めました。でも、イサムは決して厄介者ではありません。要求は一切なく、何でも食べ、気が向けば私たちと一緒にすごすか部屋に引っ込んで眠ってしまいます。例年クリスマスが済むとバーモント州にスキーに出かけますが、イサムも同行することになり、高価な凝ったスキーウエアを買いました。ゴーグルをつけ、見るからに真面目くさったフクロウのような格好で気が向けば滑るし、向かなければ外へ出ずに眠っていました。休暇が終わり、イサムはちっとも変わらないままでカレッジに戻りました。私はもう話す気がなくなっていました。何を言えばいいのでしょう。彼は元のままでした。学年が終了したときイサムは日本に帰ると言い出しました。慌てた父親は航空券を買う金は送らないが、代わりにリンカーン・コンチネンタルを買ってやるからそれで各地を見て回れと言いました。イサムは車でカリフォルニアへ行き、車を売って日本へ帰ると言いました。

二年後、イサムはニューヨークの私の自宅へ不意に現れ、両親からの贈り物を持参していました。何のために帰ってきたのかと尋ねると、工業デザインを勉強して父の会社を手伝いたいと言いました。見違えるように変わって真面目になっていました。ワサブローと同じようにイサムは網に包まれ、そのなかで役目を果たしていました。ですが、住んでいる場所を聞くと、にこりとして、アパートはグリニッジビレッジで東京のどこかと変わらないぐらいおもしろいと言いました。私は寂しいだろうと思って、若いアメリカ人の友人を紹介しようとすると、

「ありがとうございます。友だちは多すぎるほどいます」

とだけ答えました。

ヤマグチさんから最後に手紙が来たのは夏でした。私が訪日するという噂を聞いて本当ならば知らせて欲しい。イサムが新車のメルセデスでどこへでもご案内するというのでぞっとしました。

「イサムがとても良い息子になったことをお知らせしたい。私の仕事をしっかり手伝ってくれています。そのうち友人の娘と結婚させたいと思っています」

ヤマグチさんは書いていました。

そうです。イサムは網のなかです。しかし、私はイサムに再会していたので彼がいつも、どこかまだ「人情」に忙しいことも十分に分かっています。

網はもちろん家族だけとは限りません。ヤマグチさんは実業家として自分の因襲的な安全確保の手段があります。たとえば、自社の社員に対しては徹底した服従を求めます。社員は〈武士道〉という網に従い、忠義は年功序列で報われます。ヤマグチさんの工場は最高水準のアメリカ式工場で、彼ほどの現代的な人でも心は大名商人で、侍である社員の上に君臨する大君主です。社長と社員は人間関係で結ばれているため社員は疑問を持つことなく彼の意に従います。ヤマグチさんは仕事上対等な関係にある人たちとも同じ人間関係を保ち、「人情」を考えて過度の競争はしないことにしています。競争相手の経営を破綻させることはヤマグチさんにとって自分が失敗すると同じくらい不幸な経験になります。日本の実業家は競争よりも協調を重んじ、ヤマグチさんは会社連合に所属し、価格と流通は協議の上決定されます。

ヤマグチさんは会社内で慣例を遵守します。彼は頭が良く野心的すぎる青年を好まず、ためにイサムを認めています。息子への非難はそれなりの学校を卒業しなかったことが大きいのです。でも自分の兄、すなわちイサムの伯父が国会議員であることを誇りにしています。それは補完です。でも、イサムが東京大学の二〇〇〇人の卒業生の一人であって欲しかったのです。アメリカの学位は二の次でもです。しかし、ヤマグチさんは学位がなくても息子を認めています。

イサムはどうかといえば、とても幸せそうに見えます。彼は日本の大方の会社員と同様にフレキシブル支出口座を所有して、ナイトクラブやバーで遊び回る余裕があり、そこで他社の若い社員たちと出会います。アメリカの商談相手との会合では父の代理を務め、相手を遊興場所に案内するのも彼の役目です。イサムはそういうことに長けており、その才覚でアメリカ人の顧客を他者から奪うことも多々あります。ここは「人情」が引き継ぎます。アメリカ人は不慣れな国で往々にしてどんな日本人にも負けないくらい縮こまっています。しかし、酒でほろ酔い気分になり、きれいなホステスにちやほやされると日本人もアメリカ人も同じくらい「人情」にほだされて同じ境遇だと分かり、商売になります。

ヤマグチさんはもちろん昔気質です。社員が一生忠義を尽くしてくれることを期待しています。社員はヤマグチさんが友人や親戚から推薦を受けて、家庭や教育について慎重に選ばれた人たちです。そういう社員が一生この会社に勤めてヤマグチさんを絶対君主と仰ぐならば、ヤマグチさんは死ぬまで面倒を見るでしょう。互いの絆です。忠実で有能な社員を解雇することは考えず、社員も彼を見捨てません。しかし、ヤマグチさんは将来を心配している息子のイサムが綱に疑問を持っていることを知りません。アメリカにいたことで心理的に変化があったのかもしれません。東京での最終日にドライブをしていたときその片鱗が窺えました――そう、メルセデスで大磯の友人に会いに行ったときでした。

「それじゃあ、いつか貴方はヤマグチ工業の社長になるのね。巨大王国じゃないの」

私は尋ねました。

イサムはスピードをやや上げ、風に向かって言いました。

「僕は親父と同じやり方はしません。父は実に封建的ですから。僕は長所を見て社員を雇います。そのほうがいいですよ」

こういう考え方をするのはイサムだけではありません。すでにアメリカ式経営を方針とする日本企業も出ており、コネより能力で人材を登用しています。それほどに昔のやり方は現代の自由に道を譲っています。

Ⅸ

義理

日本人の子供を包み込むやさしい網は大人になるときつく引かれます。必ずしも歓迎されない網ではありません。その規律に従えば安全が保証されるからですが、服従は絶対です。日本人の生活で「規律」、「義務」、「義理」は重要なことばです。「義理」に従わざるを得ないときもあれば「人情」に従うときもあり、両者の間に葛藤がある場合、正しい選択は一つです。幼い子供のわがままは許されますが、そこが限度です。必要だからしなければならないこととと、そうしたい、あるいは、そうすべきだからすることとの間の葛藤は苛酷でさえあります。しかし、栄誉、すなわち義務の全うは必ず果たされなくてはなりません。結果が恥であるとき、わがままは決して許されません。

義理と名誉

自分を不利な立場におくのは恥であり、他人を辱めるのは恥であり、社会の各層で異なる敬意の軽重を誤ることは恥です。義理は数え切れないほどあり、ただちに完全に果たされるべきものです。適切なときに、適切な場所で、適切なことをし損なった場合に己を救うために果たすべき唯一の方法があり、それは死です。日本の長い歴史を通じて侍は〈義理〉のために自害しました。侍がいなくなっても義理は残っています。

義理とは何か。義理を欧米の用語法に当てはめれば道徳的義務であり、精神的恩義であり、借りを完全に返せなければ自分の命をもって償うものです。フランス語の古い表現 nobless oblige（ノブレス・オブリージュ*）がもっとも近いでしょう。日本語の辞書を引くと「義理とは正しい道。人間がとるべき道。世間に詫びる前に未然に防ぐためにすること」と出ています。人は家族、親戚、上司、自分を頼る部下などに義理があります。義理はすべての人間関係において己の名誉に関わります。「汚名を晴らす」こと「身のほどを弁《わきま》えていること」とも関係があり、また、借りを返したり、贈り物や受けた恩義にお返しすることなど生活の全般にわたっています。

その結果は人びとの肩にいつまでも重くのしかかります。日常生活を送るなかでたまり続ける義理をすべて片づけることはできないからです。タバコ一本、コップ一杯の水などわずかな恩恵でも受けたら返礼しないわけにはいきません。贈り物、好意、誉め言葉には返礼が必要なので、日本人はしばしばそれを避けようとします。何気ない好意や見ず知らずの他人からの挨拶にさえ本当に怒ることがあります。部外者からの義理の押しつけどころか、すでに親類や知人への義理をいやというほど抱え込んでいるからです。望んでもいない義理を背負い込んで怒るあまりに、変な言い方で「ありがとう」をいうことがあります。日本語ではこの簡単な語句を素直に使うことはなく、代わりに後悔や怨恨のような表現に解釈される語句を使います。たとえば、「とてもお返しできません」とか「まあ、困ったものを」とか「わるいですねえ、すみません」、「こんなにいただいて！」、「お気の毒ねえ」などと言います。そして、知人の誰にでもいつまでも借りがあるのは良い気持ちではないはずです。

そこには義理に与ることや他人に義理を押しつけることを心配し、それが堂々巡りになりかねないことを気遣う気持ちがあり、また、一部に運命に対する日本人の感受性もあって、日本人は欧米人に比べて他人の問題にかかわるのを嫌う傾向さえあります。何であれ問題にかかわることは、失敗したり非難されること、あるいは、新しい義理の網に深入りするリスクを取ることです。関わりたくないという態度を取れば、日本人は他人の苦しみに無関心な情け知らずに見られます。事実、その行動規範ゆえに日本人はそのとおり情け知らずです。しかし、人情が関われば、決して残酷で無関心ではありません。日本人は義理と運命の網に引っかかっているのです。

ノブレス・オブリージュ：高い身分に伴う義務の意。

アジアでは、人間が関わるという考え方自体が異質であることも事実です。アジアの国は食糧に困っている国に、すなわち他国に、食糧を送ろうとはしません。私たちアメリカ人は、自分たちの落ち度でなくても返礼を期待せず食糧援助をしますし、この点は私たちは絶対に変わることはないと思います。手を差し伸べて他者を助けることは世の中の光だと思っています。もし運命の神、または天が飢饉など不幸を差し向けるとすれば、なぜ犠牲者を救わなければならないのか、なぜ救援を差し向けるのか。それは神に逆らうことになるでしょう。日本人は自国と自国民を苦しめている災いについてそう考えます。最近では地震や台風など国家的災害に際して政府や日本赤十字が救援に当たりますが、そもそも日本人は救助の手を差し伸べません。運命に委ねるのです。運命の邪魔をするのは一体誰でしょう。政府や諸機関が援助するまでは、援助したのは仏教徒だけで、彼らは人道からではなく、徳を行えば天国に行けると思うから助けたのでした。これはアジア人には理解しやすい重要な目的でさえあります。

すでに述べた話ですが、要点を明らかにするためにここでくりかえします。中国でもどこでも同じでしょう。中国の例を引くのは私の父が中国にいたからでした。父の説教はときどき長くなりました。ある日、父は教会で説教をしていましたが、中国人は静かに座っていられず、退屈すると立ってうろうろ歩き回ったり、暇つぶしにお喋りを始めました。その日、父の説教が長引いたので聴衆は席を立って仕事に出かけて行きました。父は説教を続け、聴衆はお喋りしたり動き回ったりしていました。そのとき最前列にいた老婦人がこう叫びました。

「みなさんお座りなさい。牧師さんは天国に行こうとしておられるんですよ。」

こういう個人的な親切は他でも見られます。日本では災害に見舞われたとき、見ず知らずの赤の他人に支援の手を差し伸べて自宅に迎え入れる責任感は個々にはありませんが、ご近所という感覚はあります。隣人が困ったとき血縁に近い強い友情の絆が生まれます。私自身この暖かい支援を受けた経験があります。困ったとき友人が助けに来てくれて文字どおり何もかもしてくれました。友人は必要なときに手を差し伸べ、家に迎え入れ、親切にしてくれます。

しかし、見ず知らずの人を助けることはめったにしません。とはいえ、日本にも例外はあります。日本人の生活は例外や矛盾だらけで、一般化すると公正を欠くきらいがあります。でも、日本人は残酷にも思えるほど親切を拒むことがよくあるのも事実です。もし赤の他人が交通事故に遭ったり、川に落ちて溺れたり、火事だと叫んでいても、平均的な日本人は助けません。助けを求めている人を運命の手に委ねます。負傷、溺れること、損失などはみな神が定めたことであって、助けに行くことは運命の邪魔をするばかりか、自分の身を新たな義理の環に晒して危険でもあります。大きな例外は広島、長崎の原爆直後の日本人の態度です。あのときは個人、とくに聖職者の間に英雄的行為や自己犠牲が数多く見受けられました。惨事が起きたときたまたまその土地にいなかった人びとは出来ることは何でもしようと急いで被災地へ戻りました。ほかにも自分自身がどん底にありながら他人のために命を賭けた例がいくつもあります。家族や友人のためはもちろん、見ず知らずの人のためにもそうしました。そのとき傍観するだけで何もしなかった人たちもおおぜいいました。そういう人たちにとっては天命だったのです。

日本人の自殺の多さ

戦争は多くの日本人にとって個人的にも大きな戦いでした。義理に縛られ、義務を果たしながらも人情を無視できなかったのです。天皇や司令官への義理から殺したくなくても人を殺さなければならなかったでしょう。指導者に対する義理は何より大事でした。しかし、義理に反して敵兵の命を助け、逃してさえやった日本人もたくさんいました。軍国主義者は別として、日本人は戦争したくありませんでした。日本人の大半は神である天皇への忠誠から戦ったのですが、内心と義務の折り合いをつけられなかった人もおおぜいいました。何百年も続く慣習、そして義理の否定から来る罪の意識と落伍者であるとの意識に直面しても、彼らは人情に揺さぶられました。日本兵の残虐性や自殺的勇気は神である天皇への忠誠から説明できます。神である天皇には最大の義理があり、自らも死んだら神として祀られると信じました。敵に追い詰められ、捕虜になり、天皇の役に立たなくなった者は自害することで義理を果たしました。侍の規範たる武士道では、己を殺すことでしか借りは解消できないことなのです。

自殺は今でも借金が返済できないときの完璧な解決手段であると考えられています。幸い、現代の日本人は、以前のように借金の返済ができないとき、償いに完璧な解決手段に出ることは減っています。ビジネスマンが期日迄に借金を返済できなくても、その代償に自殺することはありません。支払い期限の延長を求めます。現実的な債権者は条件の変更を認めます。義理を果たす自殺は、まだまだ慣習に照らして許容されますが、家賃の支払いなら到底容認されません。

ハラキリ、つまり「切腹」は、侍とともに刀も消えたので行われることは滅多にありません。しかし日本人の自殺率は今でも高く、死をもって解決することが完全になくなっていないことを示しています。北海道の南部に登別という温泉地があり、日本でも有数の噴火口と熱い温泉が見られます。地獄谷とか大地獄と呼ばれる珍しい谷には硫黄の大地から白煙が渦を巻いて吹き出しています。地獄谷の上から見下ろすと熱く煮えたぎる沼が二つ見えます。大きい沼と小さい沼です。春になると愕然とするほどの数の自殺者が小さい方の沼へ身を投げます。春は恵まれた季節であり噴火口はぞっとするほどの恐ろしさを見せます。しかし、現代では自殺を決意した人は東海道新幹線に飛び込んだり多量の薬を飲むようです。自殺の主な理由は恋愛や義理ではありません。生への絶望。ノイローゼです。

　そこには当然に義理と、義理による重圧に何らかの関係があるかもしれません。さまざまな制約に縛られる日本人にとって、生きることに疲れたからと解するのは簡単です。真心から湧き出る親切な行為さえその重さと棘をもっています。

贈り物をめぐる違い

　たとえば、日本人は贈り物をするのが大好きな人たちです。これは暖かい真心から出るものであり、慣習から来るしきたりでもあります。贈り物はいつどんなときにもあります。この習慣も幼い頃から日本人に自然に身についたものでとても暖かく微笑ましいものです。日本の子供たちは贈り物のやり取りが大好きです。子供たちは初めは義理で受け取った物には相応のお返しをしなければならないことを知らないかもしれませんが、幼い頃からやり取りすることの楽しさを習慣として身につけます。私の友人にアメリカの女優がいますが、数ヵ月前この友人から彼女の娘にまつわるちょっとした話を聞き参考になりました。友人はだいたいハリウッドで暮らしていますが、日本で映画プロデューサーをしているアメリカ人の夫と日本にも家を持っていて、日本とアメリカを行き来しています。

幼い娘は日本で教育を受けていますが、母親がアメリカで仕事をしているときはしょっちゅうアメリカで生活しています。母親が私に言うには、この子は日本でよく友だちに贈り物をしていましたが、習慣でアメリカでも同じことをしています。アメリカの新しい友だちは贈り物を喜んで受け取ったにちがいありませんが、受け取った子供たちはルールを知りませんでした。女の子は持っていたものを全部あげてしまったあとで、友だちがお返しをくれないのでとても悲しくなり、母親にそのことを伝えました。

「ねえ、お母さん、あの子たちったら〈私〉に何もくれないのよ」

悲しそうに言いました。

日本ならお礼をするはずです。日本では贈り物にはお返しすることになっているからです。贈り物をもらったら、普通は返礼したくなるものですが、日本では必ずしなければなりません。諸々の義理と同じでこれももめ事の原因になります。お返しが贈った物ほど良くなかったら、良くない意味があるのではないかと考えます。お返しがはるかに良い物だったら、それを受け取った人は贈ったものでは不十分だったと感じるようです。そこで両者とも謝ります。お返しを贈った人間はあからさまに友人に恥をかかせ、受け取った人は分不相応の物を贈ったということになります。そこで、その人はもう一度贈り物をして応えるでしょうし、友人はまたそれに返礼することになります。仮に贈り物が絶対的に等価であっても、やり取りは続けなければなりません。たまたまささやかな贈り物をしたことで始まったサイクルはばかばかしいほど大げさになり、最後はどちらか一方が死ぬことになるかもしれません。そうなっても、死んだ人間の親戚は引き継ぐべきと思うかもしれません。ですから贈り物の交換は親しい友人の間で、互いに相手の好みを知り、深い思慮に立って愛情のしるしとして行うのでなければ、やり取り自体はかなり人為的で人間的な価値を失います。こういうことは当然ありますが、贈り物を選ぶにも贈るにも必死になり、やり取りは形骸化し、贈り物はまるで決闘になります。とくに比較的貧しい人びとの間ではそういうことがまれではありません。贈る人のどちらかが結局、借金を背負うことになるからです。ある意味でこれは典型的な義理です。義理を果たして恥をかくまいとすることで重い代償を払います。ここでは日本人のその他の領域と同じように人情への代価はとても高くなります。

日本人はそれを今も昔もわきまえています。しかしながら、それに腹を立てても、義理と返礼は日本ではほとんど変わりません。これもまた日本人を包む網であり、その撚り糸は家族、両親、そして天皇への義理です。網は絶対に破れませんでした。戦後しばらく義務と義理が固く結びついた古い家族制度など長く続いてきた伝統が衝動的にすべて拒絶されたことがありました。しかし、拒絶は激しいものではなく、表面的には混乱がありましたが、水面下では昔ながらのやり方はずっとありました。戦後二〇年経った今日、父権社会と孝行のほとんどは元どおりであり、老いも若きも、とくに家族に関しては個人の欲望よりも義理に従います。家族、階級、共同体、そして国家の求めることが優先され、日本人はそれが正しいと考えます。たぶんそうでしょう。確かにこういう考え方は、表面的には大きく変貌している国家の統一を保つ力になっています。

天皇との距離

天皇はご自分の領分の変化をどう見ておられるのでしょう。九州にいたとき、お召し列車で福岡に到着した天皇皇后両陛下をお出迎えする一人になりました。島を皮切りにこの古い都市のご訪問が始まりました。私は外交団の代表とともに最前列に立ちました。事前の打ち合わせどおり号令とともに一斉に深くお辞儀をしました。初めて見る両陛下は駅のコンクリートのプラットホームをどことなく疲れた様子ながら元気よく歩かれる足だけでした。再び合図で顔を上げると、スーツ姿の中年の男性と、少し後に控えて、皇后なのに流行遅れの長い洋服を着、大きな帽子を被った中年の婦人が見えました。男性は真面目でぼんやりとした感じに私には見えました。女性ははにかんで気遣うように微笑んでいました。しかし、群衆は両陛下が見えなくなるまで敬虔な態度を崩しませんでした。心ならずも菊のご紋の皇位に就いておられる方は、揺るぎない崇拝と尊敬の対象であると思わざるを得ませんでした。

昭和三九年の現在、日本の皇室制度は新しくなりましたが、時代そのものが変化しているのに相変わらず、そのまま存続し問題視されません。天皇陛下は皇后陛下とともに儀礼を最小限にとどめて各地を巡幸しておられます。毎年秋に行われる園遊会の招待者名簿は外国報道機関を含め国民各層から幅広く選ばれます。そして、毎年二回、一月二日と四月二九日に一般参賀のために皇居の門が開かれます。地上最古に数えられる皇位が民主化されて約二〇年、天皇と国民は気持ち、伝統、相互の尊敬という固い絆で結ばれています。現在の暖かい関係になってからは距離感がなくなった面もあり、畏敬の念がやや薄れています。それほど前のことではありませんが、御用邸のある葉山海岸で「天皇陛下のボートから降りてください」とスピーカーから海水浴客へお願いが流れました。飛び込み台に使われていたのです！　昔なら考えられないことです。昔なら天皇に少しでもつながりのあるものは神聖と見なされたでしょう。

時代は本当に変わりました。天皇家に関する限り、私は良い方へ変わったと思います。何百年も隔絶された状態にあった時代よりも確実に孤立を免れています。恐がられるよりも愛されるほうが良いと思いますが、日本人は今でも祭儀好きな国民なので、権威と地位への崇敬が再び現れていると友人は言います。そうかもしれません。だから、誰かが言うように、天皇は少しずつ隔離へ引き戻されています。ですが、神武天皇から一二四代目の子孫が「神」だった時代へ逆戻りするには長い長い道のりがあります。

X

コミュニケーション

日本とアメリカが仲違いした原因

占領時代が終わった今、アメリカ人はどうするのでしょう。それはアメリカ人がそこで何をしているかによります。日本では賓客は礼遇され、訪問者は歓迎され、観光客は手厚い持てなしを受けます。あるアメリカ人教師は「問題はほとんどなく、得られるものは大きい」と言います。しかし、それ以外の、とくにビジネスマンは必ずしも満足していません。日本とアメリカが仲違いした大きな原因だったコミュニケーションの難しさは今も変わっていません。しかし、アメリカ人はもう敵ではありません。言語が最大の障害です。通訳者は問題の助けになるどころか悪化させることがよくあります。通訳者は話が十分に理解できないとき、礼儀やプライドもあって分かったふりをする傾向があります。ときには事実を粉飾することもあり、話の内容に不足がありそうなとき勝手に補います。日本のビジネスマンは分からなくても分かったふりをすることがあります。ですから、ビジネスマンはしばしば暗中模索になります。

アメリカ人、日本人ともに相手の言語を学ぶには膨大な時間と労力を要します。英語と日本語は違いすぎて、どちらもなかなか流暢になれません。英語はアルファベットを用いやや音標文字的です。日本語は漢字と、日本語の音声に合わせて漢字の単純化した表意文字が使われます。多才な日本人ではあっても、語学の才能は別です。アメリカ人もアジアの諸言語のなかでも極めて難しい日本語については同じように苦手です。アメリカ人と日本人とでは、日本人は語学が最も不得手です。一般的にアジア民族のなかで日本人は外国語、とくに英語が最も不得意のようです。日本語の複雑さが外国語を理解する上でハンディキャップになっています。

日本語は漢字、かなとカタカナ、カタカナ英語の三種類を学ぶ必要があります。まず漢字で、中国語の文字を日本語に合わせて改良した表意文字であり、英語とラテン語に違いがあるように原型とは違っています。漢字は何千字もありますが、約二〇〇〇字知っていれば新聞が読めます。二番目のかなで、一字が一意節を表す音節文字で約一〇〇字の音があります。これは中国語の表意文字をもっと簡略化したものです。かなは角張った〈カタカナ〉と曲線的な〈ひらがな〉があります。三番目は英語を日本語風に改良したカタカナ英語*で、たとえば、〈mobo〉は「モダン・ボーイ modern boy」、〈chiikdansu〉は「チークダンス cheek-to cheek-dancing」、〈pi-chi-ei〉は「PTA」、〈eskareita〉は「エスカレーター escalator」、〈aisukurima〉は「アイスクリーム ice cream」、〈basuboru〉は「野球 baseball」、〈amachua〉は「アマチュア amateur」、〈biru〉は「ビール beer」など数え切れないほどです。三種類の文字遣いいずれにも **r** と **l** の区別はありません。英語ではこの二つは重要な子音なので、英語学習には致命的です。これら三種類の文字遣いのほかにも日本語をラテン文字で綴った〈ローマ字〉を習得しなればなりません。これらの文字遣いのすべてを学習するだけでも大変で、さらに英語を学ぶことになり、欧米人には日本語を学ぶのは極めて難しいことです。

文法と統語法でも日本語と英語には共通点がありません。文章の区切り方もまったく異なります。日本語学者は文章を四つの構成要素に分けます。すなわち、①名詞・名詞相当語、②動詞の活用形、③修飾語、④接頭語・接尾語です。接頭語、接尾語それに敬語はひじょうに多く、それぞれ場所、時、人間関係で特有の意味があります。例えば、日本語では英語の「I」は二〇通りの表現があります。これらの表現に互換性はなく各々は一定の環境でし

カタカナ英語：英語の発音をカタカナで表記したもの。なお、ここでのカタカナ英語の綴りはすべてパール・バックの原文通り。

か使えません。動詞には人称と数の一致はありませんが、手に負えないほど多様です。動詞に時制はありませんが、可能法、願望法、禁止法、否定法などの語形変化がいくつもあります。

しかし、日本人もアメリカ人も相手の言語を勉強するだけではコミュニケーションを十分にはかることはできません。日本で暮らすアメリカ人は自分たちのもつ正確さ、簡潔さ、外向性といった習慣をちょっとかたわらに置いておく必要があります。日本的な主観性、時間的超越、普遍性の法を受け入れなければなりません。ところが、日本語表現はあいまいであるにもかかわらず、日本人は現代科学で驚くべき成果を上げています。言語は科学者の発見を表現しきれないことがあります。しかし、アメリカ人科学者にも同じように新しい物理学の精密さを定義する難しさがあります。その結果、新しいコミュニケーションの手段、すなわち数学の専門用語が開発されてきており、そこでは日本人は欧米の科学者に伍して素早く職分を果たすことができるでしょう。

日本人には語学上の障害がとても大きく、また、一般的に語学の素質は乏しいのですが一生懸命に英語を学ぼうとします。日本に住むアメリカ人は必ず英語を話してほしいと頼まれるそうです。バスに乗っていると高校生が申し訳なさそうに英語で話してくれませんかと頼んできます。「どうぞ」と言う前に高校生は知っている表現をしゃべり始めます。失礼だとは考えず、何歳ですかと尋ねます。たまたま知っている数少ない英語の一つだったのです。相手になる人は余計なことは言わずに簡単に返事すべきで、変わった言い方をしてはいけません。たとえば、「私は三〇歳です」と答えればいいのです。「来月三一歳になります」と言ったら学生はたちまちお手上げです。

日本の大学で英語教師をしているアメリカ人が日本人の英語に対する学習意欲の高さについて、こんな体験談を聞かせてくれました。

「日本人はときに巧妙に外国人を巻き込んで会話とヒヤリング、とくにヒヤリングの練習をします。ある日大学で女子学生が泣きながら片思いのことを話しに来ました。学生の話は学期末まで続きました。私は男性版アン・ランダース*になって恋に悩む女学生にあれこれ助言しました。それが冗談だったことが分かりましたが、それはそれで良かったのでしょう。私の助言がたいしたものでなかったことは確かですが、女学生はみごとに目的を達したのです。その学期の終わり頃には彼女は英語に堪能になり、東京オリンピックの通訳になりました。私は彼女からお礼に入場券をもらう資格があると思いますよ」

日本語を学ぼうと懸命に努力するアメリカ人は珍しい。日本語はフランス語や英語のように普遍性がないし、とても難しいからです。欧米人はかなについては音も意味も学べます。漢字も数百字あるいは数千字覚えられる人もいますし、辛抱強く練習すれば、日本人の友人と会話できるかもしれません。でも、特別に語学の才能に恵まれた人でもないかぎり、日本人同士の会話を理解することはできないでしょう。日本語には慣用句やその時の雰囲気で意味の違いがあり、切り詰めた言い方、まわりくどさ、婉曲語法そして上下関係を表すいろいろな丁寧な言い回しがいっぱいあります。日本で生まれたアメリカ人や幼い時に日本語を学んだアメリカ人でなければ、とても母国語のように流暢にはなれません。

アン・ランダース：アメリカ人ジャーナリスト。若者の人生相談でも有名。

茶道にみる日米両国民の違い

日本人とアメリカ人の間にある壁は言語だけではありません。コミュニケーションの問題は、言葉を越えて考え方の違いに行き当たります。言語は翻訳すればすみます。言語は考え方や思考パターンを表すと言えますが、行動や習慣にはそれがもっとはっきり表れるものです。そこで日・米両国民の次の違いは茶道に最もよく表れているといえます。茶道は日本人の精神と心の浄化になくてはならないものですが、ほとんどのアメリカ人には理解できず、退屈なだけです。何度も説明して来ましたが、ここでもう一度くりかえしたいと思います。まず、茶の湯は昔仏教の僧侶が始めたと思われる祭儀で、瞑想するときに眠らないように飲んだようです。はじめは茶碗で茶をすすり飲むだけの単純なものでしたが、しだいに雑念を払って精神を静かな高みへ導くための作法が発達しました。茶道は己を抑制し、自制に努め、心を清らかに整え、美しいものや自然の姿をありのまま受け入れます。茶道の道具や環境はこの無我の境地に到達するためのものでなければなりません。ですから、茶室は装飾を一切廃した簡素な造りで、侘しい場所にあり、茶室に通じる細い道には踏みならされた美しい石が敷かれています。茶室に入るとすぐ小部屋があり道具が置かれていて、それから本来の茶の湯の部屋になります。茶の湯のための〈数寄屋《すきや》〉はもともと「風流文雅を味わう居所」の意味でした。持ち主はここで瞑想し、夢想し、美を見つめました。欧米人が芸術作品を鑑賞するときは美術館へ行きますが、日本人にはなかなか受け入れ難い発想であり、日本人は一人か少数の友人と味わいます。日本人は群衆を避けます。簡素を良しとし、そこに幽玄を見ます。

私たちアメリカ人は日本人のこの理想を分からないほど、茶の湯の意味を理解できないほどに、両国民はかけ離れています。

それで、アメリカ人と日本人の行儀作法の違いが厄介になることもあります。第一に挨拶の仕方の違いで、これは最も重要です。アメリカ人が日本人と出会って、盛んに手を差し出し、お辞儀する相手の日本人の頭にぶつかりそうになるのを見たことがあります。その逆もあります。アメリカ人は日本の習慣を尊重してお辞儀し、日本人は握手を求めています。これがなかなか難しく、相手の最初の動きを確かめた方が良いと思います。日本人は挨拶で身体に触るのを嫌がります。問題はアメリカ人の率直な行儀作法です。日本人は受け入れようとしますが、友情のしるしに男性が肩を叩き合ったり腕を締め付けたりするのにはとても当惑します。女性が抱き合ったりキスするのもそうです。日本人は〈お辞儀〉、それだけです。アメリカ人は絶対に上手にお辞儀ができません。お互いに自然がいちばん良いのでしょう。心をこめて相手の作法を見習ってみたところでぎこちないだけです。どう挨拶すれば良いかはそのうちに分かるもので、自然に振る舞っていれば身につくでしょう。

日本人もアメリカ人もいろいろ学んできましたが、学ぶべきものはまだまだあります。全体的に行儀の良さ、悪さを双方とも疑問に思っています。日本のように人口が多い小国では相互に礼儀がゆきとどいていないと非常に生活しづらいものです。日本人の厳格な行儀作法は、外国人から見れば不自然に映るかもしれませんが、それは日本人の自然な礼儀を形式化したものです。日本人は形式を現実の出来事の代わりにしてきたのではありません。現実の出来事を誤りなく実行するためにそれを体系化したにすぎません。誤りがあるのは、生活が変わったのにルールが変わっていないからです。もちろん外国人とくに欧米人はまったく別の基準に従って行動しますし、日本人はしばしばそれに面食らいます。「欧米化」された日本のビジネスマンは否定しますが、ほとんどの日本人はアメリカ人の率直さをぶしつけであると見ています。

感情を抑える日本人

日本の人びとは何百年もの間ものをはっきり言わないように躾けられ、仕向けられてきました。はっきり言って問題になるのを避けるためです。ですから、そのものズバリで入ろうとするアメリカ人は非常にやりにくいのです。直截と唐突を慎重に避ける文化にあっては、仲介者を相手にしたり、話題に「直接触れないように」しなければなりません。それから、日本人はつねに感情を抑えるように教育されてきたということも念頭に置かなければなりません。これは礼儀正しさの礼賛の一部です。たとえば、人は自分の悲しみを他人に押しつけてはいけないとか、自分より幸福でない人が不幸を強く意識するといけないから、喜びや満足を見せびらかしてはいけないと考えます。理由はもっともですが、こういうふうに感情を抑えることにアメリカ人はまごつきます。

日本人にとって厄介なのは、アメリカ人にはそういう決まりがないということです。日本人はアメリカ人に行儀がないのに驚きどう受け取り、どう振る舞ってよいか分からなくなります。日本人は他人に対して振る舞うときは、どんな行動をとり、どんな表現を使うかを心得ていて、相手がどんな対応をするかきちんと知った上で振る舞います。ところが、握手をしたり背中をたたき合うアメリカ人をどう解釈して良いか分かりません。日本人の行儀作法は何百年ものあいだ、見ず知らずの人や遠い大陸からやって来た人のことを考える必要がありませんでした。考える必要なんかありません。自発的にそんな訪問者は受け入れませんでした。今日、私たちと会うとき、日本人は日本式のお辞儀と半アメリカ式の握手で迎えようとしますが、自信のほどは分かりません。こわごわ、あるいは嫌々、見知らぬ人に接しているように見えることが多々あります。アメリカ人は自信過剰で慎みのない人間のようです。

要するに、無礼なのです。

アメリカ人の方は日本人があるときは非常に礼儀正しいのに、状況が変わると信じられないほど行儀の悪くなるのにびっくりしました。まるきり正反対です。この矛盾は日・米の規範の違いではなく、日本人の性質の二重性のためです。ここでもまた日本人は二人います。規律と義理を最重視する公的人間と人情に絆《ほだ》される非公的人間です。家族、友人、仕事上の知り合いには細かく気を配る人が、これからも赤の他人であろう見知らぬ人間に出会ったときは、相手に無関心で、思いやりのない、粗野な人間になることが多いのは事実です。使い分けは正しいのです。日本人は誰もが公的な顔とそうでない顔を持ち、自国民の間ではあらゆる状況での使い分けを心得ています。礼儀正しく会議場を去った日本の知人が、人混みの通りへ出て行ったときの豹変ぶりを欧米人は誰でも目にする機会がありました。日本人の振る舞いは荒っぽく野蛮ともいえるものでした。急いで電車に乗るのか、買い物なのか知りませんが、他人にお構いなく力任せに人混みをかき分けて進んで行きます。他人に不快感を与えるとは全く思っていません。道を歩く見知らぬ人間は、その人には存在していませんし、その人も周りの人たちには存在していません。名なしの群衆のなかでも、その人にとっては自分一人であり、身体が他人の肘に当たっても知らん顔です。ところが、互いに人を押し分けて歩く人びとのなかでその人の友人の名でも呼んでごらんなさい。途端に立ち止まり、振る舞いはまたしても咄嗟《とっさ》に豹変するはずです。その人はたちどころに礼儀正しくお辞儀をする人になり、あなたを人混みから保護しようとするほど礼儀正しい人になっています。

女性に対する態度もアメリカ人には驚きです。自宅では妻や家族の女性に対して礼儀正しいかもしれませんが、公の場ではすべての女性に対してぞんざいであり、自分の妻にもそうです。ドアを開けて女性を先に行かせることも、コートを脱ぐのを手伝って席に案内してあげるのも、その男性の務めではありません。それどころか電車では女性と競って座ろうとし、女性が席を譲ります。老齢の女性さえ席を譲ります。女性は長い間男性に従属してきたので癖になっているのです。アメリカ人は日本の女性が問題にしないのを異常だと思います。さすがに最近では女性も素直に受け入れなくなっています。占領時代にアメリカ人男性が目を見張る礼儀正しさを日本女性に見せたためで、女性はそれを絶対に忘れません。しかし、日本の女性はまだ男性が礼儀を弁《わきま》えず、女性を下に扱っても何も言いません。日本人に関する限り、女性と赤の他人に対する態度は、アメリカで率直さが無作法でないのと同じように無作法ではありません。アメリカ人にも日本人にも慣習というものがあります。そして、この種の慣習は頑固な壁です。見方が違えばコミュニケーションはうまく行きません。

とはいえ、コミュニケーションが上手く行かないことの説明ははるかに簡単かもしれません。日本の男性は外国人に対して初めはそわそわし、親しくなるにつれて遠慮がちになり、当たり障りがなくなります。基本的な感情は、数百年もの間日本人に深く染み込んだ、恥をかいたり、かかせたりすることへの深い恐れだと思います。日本のビジネスマンにとっては恥をかくことが最悪であり、相手を赤面させたり、困惑させることも同様です。日本人の慣習と見方では、階級と地位に立脚した既成の礼儀作法と義理の範囲内で行動することが安全なのです。自分も気まずさや侮辱を感じず、他人にもそれを感じさせずに己の流儀を果たすのが究極の目的だからです。たしかに、日本人的な見方では二つは同じです。他人に恥をかかせることは自分の恥ですから。

漁師

木版工房にて（京都）

雑誌の写真家

あらゆる職業がある。漁師は海で漁に精を出す。

日本の芸術家や工芸家の素晴らしさは世界屈指である。

道普請

和文タイプ（東京）

アイヌの木彫り（北海道）

築地魚市場のせり（東京）

高齢者施設の男性（東京）

地下鉄風景（東京）

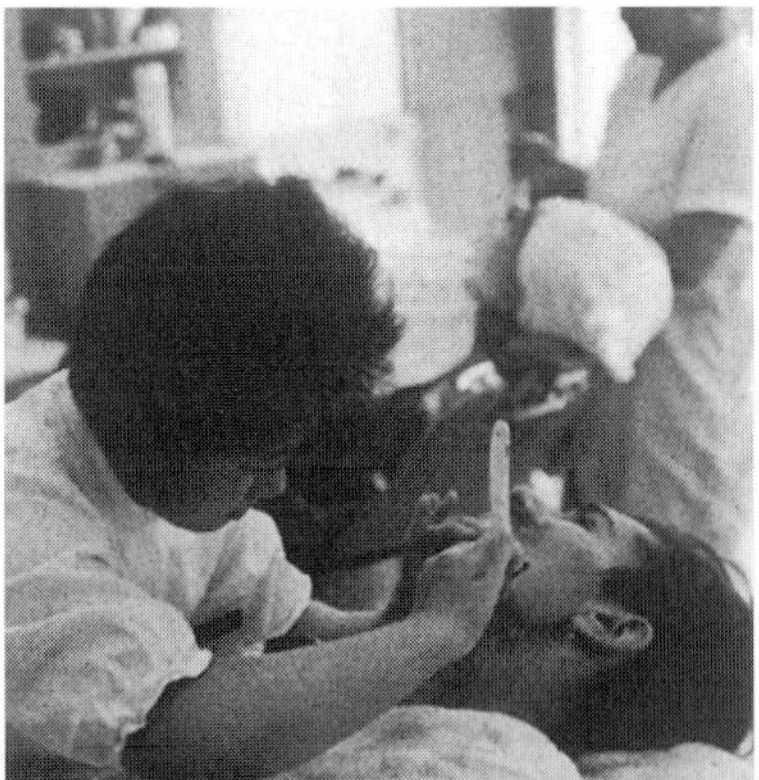

女性理髪師（青森）

陶器に釉薬を塗る

溶接工

電話交換手（東京）

マグロ漁師（東北）

日本人はあらゆる職業に対し誇りと義務感をもって技と洗練を極める

日本人は娯楽も大好き。仕事が済むと気晴らしへ……

祭りの衣装を着たアイヌの女性（北海道、阿寒湖）

碁を打つ（東京）

遊ぶ子供たち

東京の料理店で

玉突きする学生たち(東京)

スマートボール場

秋祭り(東京)

スキューバで魚取り(大島)

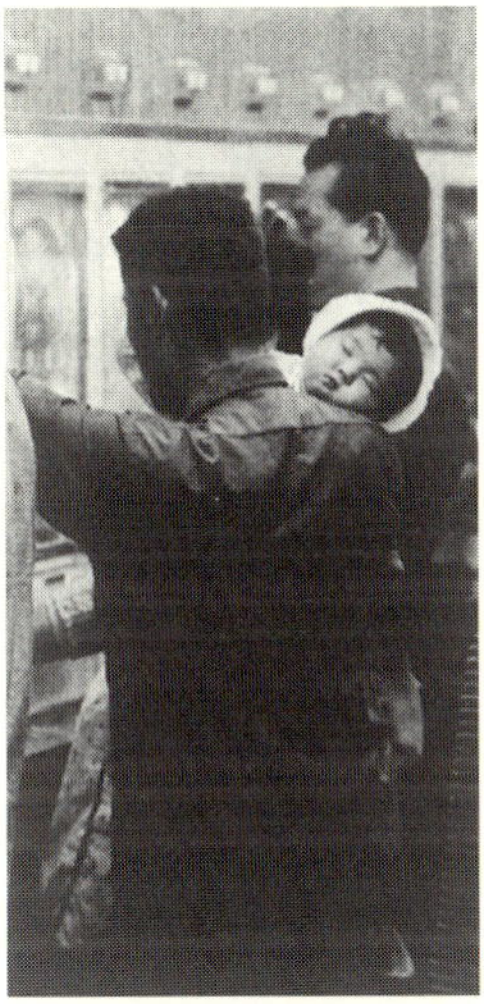
パチンコ屋

高校の運動会

……スポーツにも優れ、祭り好き。

希望を失わない日本人は幸運の神々を誘惑する

ハイキングの途中で休憩する男女(阿寒国立公園)

すき焼きを食べながら演芸を見る(東京)

映画撮影

ナイトクラブのストリッパー(東京)

新しい＜西洋の娯楽＞を追求する——
大胆なものまで

上演中の七代目梅光(東京・歌舞伎座)

稽古中(東京)

演技する俳優(東京)

XI

宗教と偏見

日本人にとって名誉と他人への義理は神聖ともいえますが、信心深さはどうかというと、どうやら信仰心は厚くなさそうです。

仏教や神道の祭儀は何百年も受け継がれてきましたが、国民の七割、若い人の九割は不可知論者であり来世のことはあまり考えません。現在を生き、現世で良い生活をしたいと願っています。自分たちの旺盛な生活力以外のことは全くと言って良いほど信じていません。しょっちゅう台風に襲われる島国では死は避けられないもの、つねにそばにあるものとして受け入れます。いくら生活力が旺盛でも、つねに自然災害に見舞われるからです。日本は死を志向する国、アメリカは生を志向する国であり、日本人は悲観的でアメリカ人は楽観的だと言えるかもしれません。キリスト教信者の楽観主義は日本人にはなかなか受け入れられません。実際、日本ではキリスト教はあまり浸透していません。

日本の宗教のなかでも神道は最大の影響力を及ぼしてきましたが、近年は国家の支援が撤廃されたこともあって下火になっています。「神道」はもともと中国語の **shen**（シェン）と **tao**（タオ）であり「神の教え」と訳せるでしょう。神道は神々を愛し、土地を愛し、国を愛するという三位一体からなり、日本人の生活のあらゆる領域に行き渡り、政府は軍国主義や国粋主義の高揚のために神道を利用しました。

ハーバード大学のエドウィン・O・ライシャワー教授は日本に長く滞在した日本研究者ですが、著書『日本の過去と現在（Japan, Past and Present）』のなかでこう述べています。

「神道は、滝、そびえる岩山、大木、変形した岩、虫など不快なもの、そして驚きや恐ろしい自然現象を目の前にして起こる素朴な畏怖の感情が基になっていた。畏怖の念を起こさせるものは〈カミ〉、すなわち普通『神』と解釈されるが、基本的に『上』でもあり『超越したもの』を意味した。天皇や国のために命を落としたすべての日本人兵士の神格化を理解しようとするには、この素朴な神の概念を念頭に置くべきである」

シドニー・クラークは『日本で最高のもの（All the Best in Japan）』のなかで日本人の学者の次の言葉を引用しています。

「神道を宗教と考えるべきではなく、神道の神々は決して神ではない。神道は古来の信仰、慣習、吉兆占い、国家的祭儀などの複合体であり、その目的は自分たちの土地、長く定着した生活様式への忠誠を育てることだけにある」

神を信じない現代の日本人はそう述べています。事実、神道には一九四五年を境に前後二つの側面があります。神道は終戦までは国家制度でした。天皇は天照大神の由緒正しい子孫であるとして、その神性を信じる国家的な信仰でした。日本の自然は世界でも抜群に美しく険阻でもありますが、明治時代の老獪な政治家たちは自然への畏怖の念から来る国民の古代崇拝を利用して天皇の地位と自らの立場を固めようとしました。神々は雨、風、海、山に宿るという信仰を貫く畏怖の念を利用して、範囲を広げて国家的生命と政治的生命にも畏敬の念が宿るように仕向け、それに成功しました。

政治家は神道を「民間団体への尊敬のしるし」にすぎないと位置づけ、誰でも尊敬の念を表せるとして他宗教の信者も参加できるようにしました。尊敬を示さないと、天皇のような高貴な国家的象徴への義務を怠ることになりました。こうして明治時代から第二次世界大戦まで政治家は自らの目的のために、天皇の神格化を強めて日本人のナショナリズムを極限まで拡大しました。終戦時、天皇は神性を否定することで明治時代以降の神道の主たる基盤を破棄しました。さらに神社や祭儀への公的支援が廃止され、神社は廃れました。神道は事実上国営ではなくなり威信を失墜しました。神道は平和な時代に入って幾分勢いを盛り返し、昔ながらの祭儀のあるものは引き継がれています。しかし、現在では神道は一般に宗教というより「古来信仰の集合」伝統として受け取られ、国家神道は過去のものとなりました。

神道と仏教

原始的な祭儀である神道と、深遠、豊潤、洗練の宗教である仏教は、昔から大きな相違がありました。二つが肩を並べていることは仏教徒にも神道の信者にも不思議ですし、同じ人間が完全に矛盾し合う教義を信じられるということ自体がおかしなことです。日本人には矛盾を受け入れられても、私たち欧米人には往々にして難しいことでしょう。

日本はインドを起源とする仏教を自分たちの流儀で受け入れました。日本人的性格と伝統が育んだ最も成熟した形態は禅です。禅は仏教の他宗派と同様に、人は実在であれ、非実在であれ生のあらゆる迷いに打ち勝たねば森羅万象を理解できないと教えます。禅と他宗派の違いは、禅は知性偏重を一切認めず、もっぱら直観に頼ることです。悟りとは長い修行のなかではなく、一瞬の閃きのなかに生じます。その瞬間は、たとえば、庭園のような自然美のなかで生まれるといわれ、日本人の庭園好きをある程度説明できるかもしれません。禅の導師は真理に導くために修行者に謎を掛けて何週間も、何ヵ月も、何年もその謎について考えさせます。たとえばこんな話があります。「崖に一人の男が引っかかっている。両腕を縛られているため木の幹に囓《かじ》りついている。友人が見下ろして男に『禅とはなんぞや』と尋ねる。さて、男は何と答えるか」。理屈や合理的な説明を一切超越した洞察と理解の瞬間に答は出るでしょう——答はないと。真理は頭ではなく心を通してのみ、静かな瞑想を通してのみ見出されます。そういうものが禅です。

日本におけるキリスト教はどうでしょうか。日本人はキリスト教徒でないことに満足しているようです。日本人はキリスト教徒を迫害しませんが、教徒にもなりません。日本の宗教事情に詳しい人は、

「日本ではこれだけ時間をかけてもキリスト教徒はせいぜい〇・五パーセントです。日本で宣教師にはなりたくありません。五年間でキリスト教に改宗できたのはわずか五人だったと知人の宣教師が正直に言いましたよ」

と語りました。

改宗させるのは難しいですが、キリスト教は確実に貢献しました。優れた学校や病院を建て日本の近代化を助けてきました。数は少ないかもしれませんが、キリスト教は深く根ざしています。それでも、日本人の大多数はキリスト教の祈りや作品にほとんど興味を示しません。

近ごろでは日本人が宗教を持つとすれば対象はモノだと言われています。日本の友人はこんな風に言いました。父親は会社で新型コンピューターを欲しがり、母親は新型の皿洗い機、冷蔵庫など電化製品にあこがれ、息子はどうすれば有名になれるか、入試に合格できるかを考えている。生活向上への願望は宗教とはいえないかもしれませんが、他のことに時間はほとんど残っていません。

でも、これが現在の日本人の正直な姿、本当の日本人の性質であるなら、なぜ日本人は夏になると盆踊りに集まったりするのでしょうか。この季節は死者の魂がもと居たところに帰ると考えられています。盆踊りは恐れや迷信でしょうか、はたまた、楽しい時を過ごしたいだけでしょうか。では、東京に大聖堂のある立正佼成会や、静岡に本山

があり毎年三〇〇万人の参拝者があるという創価学会などの新しい宗派に、なぜあれほど大勢の人が集まるのでしょうか。この二派だけで信徒は一五〇〇万人を数えるといい、ほかにも新興の宗派が一〇派以上あり、八宗派は信仰療法を持ち、数百万人の信徒がいるそうです。ただし、これら新興の宗派は宗教というより親睦団体の色彩が濃いことは事実です。こういう団体の関心は現世における社会福祉にあります。立正佼成会も創価学会も学校、病院、高齢者施設、オーケストラを持ち、グループ療法、無料映画会、食糧の無料提供などを実施します。創価学会は政界にも進出しており、私は別の箇所でさらに述べたいと思っています。

ところで、日本では、何はともあれ宗教とは感情、倫理、そして憂いと歓喜の両極端を含む哲学の複合体です。憂いと歓喜の両極端は恐怖にも希望にも敏感で、批判に傷つきやすい日本人に生まれつき備わっています。

日本人の差別と偏見

日本に行って帰って来た人は私にこう言いました。

「まず『日本は好きか』と尋ねられます。日本人は知りたいのです。つまり、日本が好きならばです！　日本人はときどき自己批判しますが、本気ではなく、相手に反対のことを言ってもらいたいだけなんです。日本人は陽出ずる国に絶対の忠誠を誓っています」

とはいえ、批判は当然あります。どこの国民も同じです。日本にもアメリカのように人種差別がありますが、アメリカほど知られていません。日本には被差別部落出身の人びとが約一〇〇万人おり、独自の共同体に暮らし、ある種の特別な仕事をし、社会から疎外されていることに怒り、それを露わにしています。この人たちは封建時代は社会的階級がとても低く人並みに扱われていませんでした。彼らの上に貴族、武士、農民、職人・商人の順に階級があり、最下層ともいうべき立場でした。昔から動物の肉を切り皮を剝《は》ぐ職業や、皮をなめすなどの仕事に従事しており、現在もそうです。一八六八年の明治維新で法律上は解放されましたが、上の階級の人びととの隔壁はなかなか除かれません。被差別出身者の多くが社会にとけ込めたのは第二次世界大戦になってからで、明治維新からそれまでの間は、社会へのとけ込みはとても少なかったのです。

しかし、この問題は日本人でも知らない人がいるほど深く潜伏し、結婚などで家族の背景がこと細かに調べられて問題が浮上します。先方が同出身であることが分かると結婚はだいたい破談になります。私は本州の中央部と関西の西の彼らが住む地域を訪れたことがあります。外見上は周囲の中・下流層の人びととの地域差はほとんどなく、スラム地区よりはるかにましです。ですから、差別の原因は貧富の差ではなく、職業、それも先祖の職業のためです。心ある日本人は特定の職業に就く人びととその子孫に着せられた汚名を雪《そそ》いで生活水準の向上をはかり、彼らが完全に社会にとけ込めるよう熱心に活動しています。同出身で評判の高い国会議員の尽力のおかげで大きな成果を上げていると聞きます。

在日朝鮮人は一般的に不遇な立場にあります。在日朝鮮人の多くは先の戦争中に日本に逃げて来た人たちで、その前から日本の植民地支配の間に学生や移民として日本に来た人たちがいました。朝鮮人は外国の支配や戦争によって引き裂かれましたが、誇り高い民族です。しかし、日本では劣等民族として扱われました。ほとんどは日雇い労働かクズ拾いをしています。やくざの組員も大勢います。彼らは好んでやくざになるのではなく、環境が違えば、ならなかったでしょう。日本で生まれた二世さえ日本社会にとけ込むのは難しいようです。朝鮮人でも日本人でもない空しさから虚無感を抱き、あるいは堕落していきます。日本人は一般的に他のアジア民族、とくに皮膚の色が黒い民族より優秀だと思っていますが、ほとんどの朝鮮人よりも黒いのです。

アメリカ兵を父親に持つ日本人の子供たちに対する偏見もあり、黒人の血を引く子供たちが最も辛い目にあっていることは悲しい事実です。日本に人種偏見があることは否定できない事実ですが、アメリカの場合とは事情がまったく異なります。朝鮮人への差別も皮膚の色ではなくて国民的帰属意識（ナショナル・アイデンティティー）の欠如のためです。アメリカ人を片親として生まれた子供たちは、日本人のなかで生活していますが、日本人扱いされません。外国生まれの子供と変わりません。白人でも黒人でも父親が日本人でないために、子供は日本人と認知されません。その子には祖国がないのです。これは集団に対する偏見というより民族主義（ナショナリズム）の所産です。

日本人はあまりにも長く他民族と交わってこなかったために、外国からの重圧を受け止めることができません。白人にしろ黒人にしろ子供たちは「ふさわしい場所」におり、その場所では大事に扱われています。学校は日本人以外の子やハーフの子たちを当然に受け入れ、日本人以外のビジネスマンを問題なく受け入れるべきです。しかし、国際結婚や結婚に至らない日本人と外国人の結びつきは、一般的には容認されません。親たちはまだそれなりに扱われるかもしれませんが、子供たちは必ず偏見にあいます。黒人を親にもつ子供は、世界的に白い肌が好まれるからでしょうか、もっと辛い目にあいます。皮膚の色の違いによる偏見についてはここでは触れませんが、それは厳然たる事実です。日本人にもそれがあります。白い肌の子供たちがいちばん美しいと見られています。

もっと悲しい差別もあります。根っこは広島と長崎にあり、原爆投下時に現地にいた人たちに対する差別です。彼らの精神的、肉体的な傷は数え切れませんが、おおぜいの人間が傷を見られる苦痛に耐えています。傷を負った人たちには特別の配慮が払われるべきです。しかし、負傷した人が水泳プールに入ろうとすると、泳いでいた人たちがプールから出るという残酷な現実があります。傷痕のある人はどこへ行ってもいつの間にか避けられるという終わることのない傷を負っています。傷痕がなくても放射線を浴びたとされる人びとは、まるで恐怖の種をかかえているかのように遠ざけられます。こうして二〇年前の犠牲者は、現在も犠牲者なのです。

けれども、死者は弔われます。広島市を流れる太田川の川岸に「原爆ドーム」と呼ばれる崩壊して曲がった建物があります。ドームは過去の記念として壊れたままの姿で残されています。毎年八月六日の死と苦痛の記念日に灯籠流しが行われドームの前を流れていきます。毎年八月九日にも、灯籠は死に往く魂のように明滅しながら長崎の川から湾へ海へと流れて行きます。一つ一つの灯籠は原爆で亡くなった人の魂に捧げられます。八月六日と九日は二度と起きてはならないことに思いを致す厳粛な日です。とはいえ、式典には慰めがなくはありません。この特別な思い出の日には死者の魂が生前に愛した人を訪れるといわれているからです。

XII

祭り

お盆と祭り

神を信じないという日本人ですが、本当にそうなら、日本に宗教的な色合いの行事がひじょうに多いのはなんとも不思議です。日本人は信心深いのか、そうでないのか、神社は神聖な崇拝の対象なのか、人びとが祭りに集う場所なのか、参詣や祭りは霊的なのか、親睦なのか、ただ祭りが好きなだけなのかどうか。日本全国いたるところで祭りや儀式などの行事があるのは事実です。

日本人は毎年こぞってお盆に死者と再会します。お盆は仏教の行事で「提灯《ちょうちん》祭り」「灯籠流し」とも呼ばれますが、それは提灯が重要な役目を果たすからです。お盆は夏の三日間です。

お盆のような死者のための祭儀は厳粛なものと考えられていますが、この時期は楽しいお祭りのシーズンでもあります。今は亡き親族の霊が生きている人たちに会いに束の間帰って来ます。どの家も念入りに掃き清め、見えない客である霊に特別な食べ物を供えます。お盆の最初の二日間は墓参りをして死者のために香を焚きます。遠い先祖ではなく、まだ記憶に残る亡き人たちのためです。墓参りが済むと霊は家々に招かれご馳走が待っています。暗くなると墓地や家々の外に提灯が灯され、暗闇で蛍の光が飛び交います。

お盆の最終日には、お囃子や歌を演奏して盆踊りをします。ここで繰り広げられるのは陽気な騒ぎや笑いであって悲しみの場ではありません。この日の締め括りは束の間訪れた霊との別れに送り火が焚《た》かれ、霊を意味する灯籠が川に流されて遠い海へ運ばれて行きます。飲めや歌えのばか騒ぎをしても、どの顔も笑顔でも、笑顔の下には真新しい悲しみが隠されています。悲しみを隠そうとしない顔もあります。川面に浮かぶ灯籠を見つめる顔には涙が浮かんでいるかもしれません。日本人は感情を表に出しませんが、出してはいけないということはないようです。これは人情で日本人は時と場合に応じて表に出します。ただし、時と場合によっては悲しみが他の人たちへ波及することを恐れて隠そうとするはずです。ここには思いやりがあり、もちろん、しきたりもあります。子供を亡くしてあからさまに嘆き悲しむのは正しい姿とは思われません。子供が死ぬのは運命であり、それを嘆くのは神々に抗うことになります。でも、老人の死、たとえば親の死は悲しみを露わにして当然です。夫の死にも涙を流して当然で、残された妻が公衆の面前で泣かず、泣き崩れないのは不信に思われるでしょう。ですから、お盆の陽気さには一抹の悲しみが付きまといます。家族を亡くして日の浅い人は特に、水面を流れる灯籠にさまざまな思いが去来します。小さい灯明が闇夜のなかで霊魂を海へと誘います。心のなかの寂しさを表す盆踊りの歌にこういうのがあります。

　　盆がきた
　　情熱をなくした人間は
　　木仏か、金仏《かねぶつ》か
　　石仏のようでもある

日本人は石でできてはいません。

日本人の祭り好きは美を愛する心と結びついていることが多いものです。桜の季節を初め一年を通じて独特の美しさがある宮島にはおおぜいの人が集います。宮島には季節の盛りに桃花祭・菊花祭、鎮火祭、万灯会などさまざまな行事があります。私は何度も宮島で素晴らしい経験をしてもう一度行きたいと思っています。宮島は島の周囲がわずか三〇キロほどの小島ですが、瀬戸内海に浮かぶ宝石のように美しい島です。厳島神社には楠《くすのき》で造られた鳥居が陸地と海の境にそびえ立ち、潮が満ちると海に浮かんでいるように見えます。厳島神社は人びとに崇められ島全体が聖地とされています。島に家を建てることは禁じられていて、出産も、埋葬も認められていません。木の伐採も禁じられ、日本で数少ない処女林を鹿が歩き回っています。

宮島は海辺から弥山《みせん》の頂まで一年中素晴らしいのですが、桜の季節がもっとも美しいと言えるでしょう。ただし、桜の季節は人で混雑します。とはいえ、桜の花だけではなく、力強い〈舞楽〉を見られるので人が多くても仕方がないと思います。舞楽とは衣装を凝らした儀式風の舞であり、一家族だけで舞われ、過去八〇〇年間も続いてきました。特別な場合には神道の神官が〈神楽〉を舞いますが、神楽の舞台は世界で最も美しい昔ながらの舞台です。床は幅の広い楠の板が敷かれ一〇〇〇年以上も前の神社建造時のままです。

厳島神社には千畳閣と呼ばれ、一〇〇〇枚の畳が敷けるという豊臣秀吉の大広間がありますが、実際には一〇〇〇枚には足りません。千畳閣のなかにある神社には幸運のお守り、しゃもじがいっぱいかかっています。しゃもじには奉納した人の名前と家族や友人のための祈願が記されています。

アイヌの熊祭りと長良川の鵜飼い

そこからはるか北へ行くとずいぶん違う趣の祭りが見られますが、観光客やふらっと訪れた人はめったに見ることはできません。北海道のアイヌ熊祭りです。前述のとおり、アイヌ民族は太陽、風、星などの自然現象を崇拝し、熊はアイヌお気に入りの「神」です。祭りではほとんど見ることのできない熊の生け捕りがあります。アイヌの猟師は穴のなかの熊を捜し、獲物の場所を見つけると穴の前に杭を数本打って様子をみます。熊は杭を遊び道具だと思って穴から出て杭にのぼったりしてじゃれ回ります。熊の皮を剥ぐのが目的なら弓で矢を放ちます。子熊の場合には生け捕りにして〈イヨマンテ〉の祭りまで生かしておき、イヨマンテの夜が明けるまで共食します。ころころに太った子熊を矢で射て三日間の宴の主料理として食べるのです。アイヌにとっては残酷なことではありません。熊の体は檻であり、なかに精霊が閉じこめられ解き放たれるのを待っているのです。肉だけを食べますから、精霊は自由になって天国に戻り、救い出してくれたアイヌに深く感謝して、アイヌが困ったとき力を貸してくれるのです。

日本では全国に数え切れないほどの神社や寺があっていちいち紹介できないくらいですが、神社や寺は日本人の生活の一部であり、わずかだとしても触れずにはおけません。有名な伊勢神宮のほかにも奈良にはよく知られた神社や寺がたくさんあり、七世紀に建立された元興寺*があり、正倉院には七五六年に建てられた世界最古の宝物殿があります。正倉院には大仏像の完成を記念して行われた大法要に使われた貴重な品も収蔵されています。一年のうち五〇週は閉じられ、毎年一〇月の最終の週と一一月の第一週の晴れて空気が乾燥した日にだけ開かれ、貴重な収蔵品を乾して保存状況を調べます。このわずかな期間に収蔵品を見られる人は栄誉です。宝物殿を訪れるのは時空を超えた旅なのですから。

犬山には日本中で、いや、アジア広しといえどもこれほど驚き人目を奪うものはなかろうと思われる神社が二社あります。男女の生殖器官を祀って建てられた神社です。神社でよく結婚式が挙げられますが、式のあと新郎新婦は男根シンボルのそばを選んで記念写真を撮ります。これらの神社の祭りでは電柱ほどもあるものが町中を練り歩

元興寺：奈良市にあり、南都七大寺の一つ。五九六年に蘇我馬子が創建した日本最古の仏教寺院・法興寺がその前身であり、七一八年に法興寺を平城京に移してから元興寺と称した。その意味ではパール・バックの「七世紀の建立」の記述は正確さに欠けるが、取り上げた意図は最古の寺院としてのものと考えられる。

きます。神社で売られているお守りは慣習の違いを超えて理解されるかどうか分かりませんが、日本を旅行したアメリカ人が持ち帰って大事にしている品にそれがあるので多くの人は分かるのでしょう。

犬山市に近い奥岐阜には白川郷があります。住民は現在でも三〇軒から五〇軒ほどの古い合掌造りの民家に暮らし、表面的にはともかく一〇〇年間生活は変わっていません。岐阜市は人口二〇万の都市ですが町としか思えません。かつてのサンフランシスコを彷彿とさせる古い木製の路面電車が市の中心部と川の間を走っています。川では五月から一〇月にかけて鵜飼いが見られます。日本にはまだ広く鵜を使って魚をとる漁法がありますが、夕暮れ時に長良川で見られる鵜飼いは魚とはほとんど無関係です。いうなれば、山と城を背景とし川を舞台として演じられる舟のダンスであり、起源は一〇〇〇年も昔にさかのぼります。

川沿いに浮かんでいたり、流れに棹さしているのは屋根が低い朱塗りの屋形船で、数え切れないほどの青い提灯が揺れています。舟から歌や笑い声や憂いを帯びた三味線の音が聞こえてきます。川べりで浴衣を着た旅館の客たちは往来する舟やときどき上がる花火、中でも川を上下する船上で踊る芸者たちの美しい光景を眺めています。舟が川上に行き川下へ降《くだ》るたびに伴奏の音が遠ざかり近づきます。川岸から見える岐阜の山並みは険しく、金華山の頂にある岐阜城が提灯の明かりで空に浮かんで見えます。

上流にようやく先頭の舟の舳先の炎が見えてきて、大舞台で踊るダンサーたちのように、遊覧船が主役（先頭の舟）に近づいて行きます。先頭の舟の後にはたくさんの鵜飼い舟が続き、舳先に松明が燃えさかっています。鵜匠は鵜に魚を吐かせて取り出し、舟はどんどん川下へ下ります。川幅がもっとも広いところに差しかかると舟は横に広がり、いよいよ遊覧船はグランド・フィナーレを迎えます。ここは見せ場なので鵜飼いは岸辺から見るほうがいいと思いますが、ほとんどが男性ばかりの遊覧船の乗客は浴衣姿の芸者さんと舟に乗って近くで見たいのだそうです。近くで何を見るって、鵜飼に決まっているでしょう！

東京では日本で最も大きく参拝者も多い寺院に数えられる二つの寺を見学しました。増上寺と浅草寺です。増上寺は二階建ての赤門が建築当時のまま残っていて、寺の門としては東京で最古最大です。境内には徳川家の霊廟が四つあり最古の霊廟は一六三五年です。信心深い人も、そうでない人も、たくさんの日本人が増上寺を訪れます。

浅草観音は忙しい寺と呼べるでしょう。昼も夜もいつも参拝客でごった返しているからです。ここがとくに良いのは京都や奈良の大寺院とはちがって、観光バスの行程には載っていないからです。ここで静かに考え事をしたり瞑想しに行くのです。近くのベンチに腰かけてこの国と人びとのことに思いを馳せます。この寺では東京の中心にあっても静けさと安らぎを醸し出す日本人の才覚を思います。片や、ここはすぐそばに昔東京の赤線地帯だった吉原があり、そんな環境のなかで静かな安らぎの場を求めた人びとの気持ちがはっきり伝わってきます。一九五八年に売春禁止法が制定されてからはかつての場所とは違いますが、まだ文化的中心とはいきません。これもまた日本人のパラドックスの一例です。すなわち、喧騒と醜悪のただなかに安らぎと美があることです。たしかに賭博場で熱くなるのと同じくらいひたむきに瞑想し、歌舞伎、能、ストリップ、低級映画にのめり込み、野球も盆栽と同じくらい熱心に鑑賞し、競輪・競馬場のどよめきと同じように庭園の静けさを愛するのが日本人の特徴です。

XIII

娯楽

国民的人気のパチンコ

楽しみがあるなら、どこにでも楽しみを見つけようとするのも日本人の特徴です。日本は単位面積当たり、また、国民一人当たりで世界のどこよりも娯楽施設が多い国です。私はバラエティ豊かで充実した娯楽施設を知っていますが、そこには海辺、山、花、森林、温泉などは入っていません。思いつくのは博物館、美術館、劇場、映画館、バー、野球場、あらゆる種類のスポーツ競技場、祭り、催し、飲み会、プロボクシング、柔道、利用者の絶えない二四時間営業のスケート場、リフトに乗るのに列をつくるスキー場、そして東京郊外にある巨大レジャー施設「よみうりランド」。ここでは一年中雪の要らないスキーの大ジャンプ場やゴルフコースが二ヵ所あります。ゴルフコースの一つは私営で飛び抜けて料金が高いのにオープン前から申し込みが定員を超えています。このコースには魚がたくさん泳ぐ池がいくつもあり、ドーム型のクラブハウスがあり、入場者の移動にはモノレールが使われます。

今や日本人は人生を楽しむことに躍起です。学校教育の一部に名所への遠足や旅行が組み込まれており、どこの名所旧跡へ行っても制服にリュックを背負い、お弁当を持った行儀の良い子供たちでいっぱいです。私は東京の東の海上にある火山の島「大島」に行ったときのことをよく覚えています。東京から船で一晩かかります。蒸気船は学校の生徒と先生であふれ、頭でっかちの古い船は一晩中斜めに波を蹴って進みました。生徒たちは船酔いで苦しみましたが、早朝にはすっかり元気になって黒い溶岩の長い山道を登ろうという気合いがこもっていました。先生も生徒も辛《つら》いけど楽しもうとしていました。

ナイト・ライフは、東京に限っていえば、以前より静かになっています。一九六四年八月にバーやキャバレーの営業時間は真夜中までと法律で決められました。ほとんどの店は真夜中の一二時で閉めますが、看板を掛け替えて営業する店もあって酒と六対四の割合で食べ物を提供し一二時をすぎても営業しているところがあります。ほかににぎやかで繁昌しているのは寿司屋です。寿司はサンドイッチや魚の軽食のようなものなので寿司屋は不法行為の巣とはいえません。ですから、一般の都民にとって東京の夜は噂ほど刺激的ではありません。

とはいえ、ギャンブルはあります。競輪や競馬であれ、ネバダで大人気のスロットマシンの日本版であれ、日本人は賭け事が大好きです。パチンコは「偉大な国民的娯楽」であると評する人もいてなかなか的を射ています。

東大生お気に入りの暇つぶし、パチンコについて触れないと日本のことを伝えるには万全とはいえないでしょう。これはピンボールのゲームで日本全国で異常に増えています。名古屋を例に挙げれば、市内にパチンコ屋は一九六店、パチンコ台は約三万台あり、ネオンがぎらぎら輝き、町中でいちばんけばけばしい建物がパチンコ店です。数階建ての店もあって、何百台ものパチンコ台が連なり、午前一〇時から午後一〇時までほぼひっきりなしに動いています。店内には大音響で音楽が流れ、パチンコ玉のじゃらじゃらいう音も聞こえないほどです。私は専門家ではありませんが、こんな具合にやります。

一〇〇円（前回の訪日時は二八セント）出して小さな金属の玉五〇個を受け取ります。玉をパチンコ盤に八ヵ所ある取付穴の一ヵ所にうまく入るように打ちます。玉が穴に入ると自動的に玉が一五個出てきます。スピードが速いので玉が出なければ五〇個はあっという間に使い切ってしまいます。場数を踏んだ人はこういうことはめったにありません。ふつうはパチンコ台を選ぶという技がありますが、警察の推計では、一日中パチンコをして生活の糧としているプロは名古屋市だけで五〇〇人から一〇〇〇人を数えます。勝っても現金は受け取れません。客は勝った分を食料品、タバコ、家庭用品などに交換し、それを交換所に持っていって現金に換えます。もちろん法律違反ですが、黙認されています。

パチンコ店に入る人のほとんどはプロではなく、遊ぶだけの人たちで、昼休み、授業の合間、仕事に戻る途中、買い物中にふらっと立ち寄ります。必ず負けるとは決まっていませんが、最後に勝利するのはマシンで、儲けるのは店主です。実は、パチンコは、組織力ある日本のギャング〈ヤクザ〉の収入源の一部になっています。客はたまには儲かることはあっても、必ず負けて、パチンコにすべてを注ぎ込んだ末に一文無しになり自殺する学生や若い会社員もいます。午後四時から一〇時までそんなパチンコの魔力に取り憑かれている人は日本中で一〇〇万人はいるでしょう。のめり込む程度はさまざまですが、お金を注ぎ込んで遊んでいます。残念なことに、お金と時間の浪費、人生の浪費でもあります。人生は所詮は無意味だと感じる日本人が少なくないことの反映でもあります。その通りだとは言い切れませんが、そうかもしれません。

相撲と野球と軟式テニス

もちろん、ほかにも娯楽はあります。大方の日本人は、国民的娯楽はパチンコではなくて相撲だと言います。確かにパチンコより起源はずっと古く、カエサルの時代までさかのぼります。力士は体重が百数十キロある大男たちで、儀式的な所作ののち、相手を土俵の上へ投げ倒したり、直径約五メートルの縄（土俵）の外へ突き出します。闘う前の儀式が長く、勝負はすぐに終わります。スポーツの興奮より壮観な見せる格闘技であることが人気の秘密です。

こういう風に行われます。巨漢が廻しと化粧廻しを着けて土俵に上がり、仰々しく挨拶を交わします。昔ながらの装束の行司が、これも昔ながらの言い回しで、ほとんど聞きとれない声で見物客に力士を紹介します。紹介が終わると力士は土俵のそれぞれの側に退きます。土俵の上の天蓋を支える柱のそばに水の入った容器が置かれています。力士は水で手と口をすすぎ、塩をつかんで土俵にまきます。すべて清めの儀式です。それが済むと、力士は土俵で身体を低くしてしゃがみ込み、大きなハムのような手を土俵につけて互いに睨み合います。その仕切りの姿勢から立ち会いの瞬間を待ちます。しかし、規則によれば、力士は同時に立ち上がるので奇襲や突き出しのチャンスはありません。立ち合いをしくじると仕切りからやり直しです。やり直しから約五分後、力士は相撲をとります。勝負がつくのは長くても数分で、三〇秒ぐらいがふつうです。猛烈な力で相手を土俵につき倒すか、華々しく相手を土俵の外に投げ飛ばして観客を喜ばせます。

勝負が終わって次の二人の力士が土俵に上がります。美しい刺繡を施した化粧廻しを着けています。横綱の登場であり、取り組みではなく、その前の儀式のために土俵に上がりました。横綱は手を叩き、四股を踏んで、土俵の脇に退いて次の取り組みを見守ります。場所中は一日数十回もの勝負が一五日間続き、観客は昼食を持参し、靴を脱いで全取り組みを飽きずに見守ります。何百万人もいるテレビ観戦者も同じです。横綱はじめ力士たちはファンから国民的英雄のように慕われ尊敬されています。

昔ながらの相撲でなければ、野球が国民的スポーツでしょう。日本にもアメリカのように野球のクラブやリーグがあってパシフィック・リーグとセントラル・リーグはアメリカン・リーグとナショナル・リーグに相当します。野球と野球選手に対する情熱はアメリカを凌ぐほどです。やり方は多少違いがあります。日本の野球ではバント、スクイズ、ダブルプレー、イニング毎の内容が重視され、アメリカ式のパワーゲームではありません。日本では野球はかなり新しいスポーツであり、人気が出たのは一九二〇年代、三〇年代にオドール、ベーブ・ルース、ジョー・

ディマジオなどの有名選手が親善試合で日本に行ったときあたりからです。

日本人は軟式テニスも好きです。ラケットは楕円・末広でボールは欧米のものより柔らかめです。肩で打つより手首と前腕を使って打ち、トップスピンが欠かせません。テニスもまた力よりも技の妙を重視します。もちろんアメリカ式プロレスもあり、相撲とは全くちがって技の妙や技巧にはほとんど関係ありません。プロレスには芝居っぽさも必要ですが、プロレスは本来はスポーツではなく娯楽だからです。柔道、剣道、相撲、空手が盛んな日本でプロレスが受けているのは驚きです。

日本人はスポーツは何でもやり、パワフルでなくとも一生懸命にプレーします。男も女も生真面目にスポーツをします。とくに国際試合となると良い成績を出すことが倫理的義務であり国への義理であると感じます。欧米人に比べて背が低く体重も軽い欠点をカバーするために持久力や忍耐力を強化します。国のプライドがとても高いので余り好きではないスポーツを選んでも人より上達するまで訓練します。たとえば水泳ですが、日本人はあまり得意でないのに、訓練のおかげで国際水泳大会でしばしば優勝するほどです。水泳には当然に強化の前提となる能力が必要であり、日本人は水泳に熟達する能力があるので、楽しむ、楽しまないに関係なく上達しなければならないと感じるのです。

日本人は私たちアメリカ人が誇りとする「スポーツマンシップ」がないことは確かです。日本人にはそういう伝統はありません。負けるのが好きな人はいませんが、日本人は極端に負けず嫌いで、感情を隠そうとしません。負けた選手はもちろん全員が感情を露わに落胆した姿を見せることは珍しくありません。見物人は選手が泣いたり歯ぎしりして悔しがる姿にびっくりします。日本人は感情を持たないとか、絶対に感情を表に出さないという神話を信じて育ってきた人や、スポーツに負けはつきものと思っている人には驚きです。日本人はまったく別の考え方をします。何事も深く感じる日本人にとっては敗北もその一つです。抑え付けた感情のはけ口なのです。負けを悔しがり、勝ちたかったという態度を表に出します。泣きたければ泣きます。すべてもっともであり、人間的です。

その考え方をもう一歩進めると次のようになります。ある大学を訪れていたときのことです。新しくアメリカン・フットボール・チームができたばかりで、念入りに練習を積み初試合を闘うことになりました。ライバル校との試合が予定されました。盛大にチームを送り出し今か今かと帰りを待ちました。翌日、チームが帰ってきて結果を聞きました。

「どちらが勝ったの」

「試合はありませんでした」

チームは答えました。

「試合がなかった？」

「相手が強すぎて、試合なんてもんじゃありませんでした」

XIV

日本の固有性と諸問題

とはいえ、日本人がみな一心不乱に人生を楽しんでいるのではありません。見てのとおり娯楽の追求は、自然の美を味わい一人瞑想に耽ることで得られる本物の喜びとつり合っています。日本人は陽気で外向的な一面と、黙想し内観する一面をもっています。美への深い愛情をもって日常生活の簡素なものを芸術作品にし、ありふれた動作を楽しい儀式に変えます。たとえば入浴ですが、日本人は必要だから風呂に入るのではなく、くつろぐための絶好の機会と考えます。食器は美しい色づかいで目を引きつけます。食べ物は見るだけで美味しそうにつくられ、まず目で楽しみます。

日本では食べることは快楽であり、娯楽であり、芸術的な喜びであって、そんな風に考えたことのない訪問者はともかくそう考えるべきです。まず朝食から始めます。古風な旅館に宿泊している人なら、敷き布団と掛け布団はきちんと押し入れに片づけられて寝室は居間に早変わりします。そして、仲居さんがにこにこしながら部屋の真ん中に食卓を据え、座布団を敷いて、朝食を運んできます。

三つある小さいお椀の一つは生卵です。次はご飯。三つめは味噌汁で、長ネギ、あさり、油揚げ、ほうれん草などの具が入っています。卵を箸でかき混ぜて醬油を加えてご飯の上からかけます。卵かけご飯、味噌汁、それにナス、ショウガ、キュウリなどの漬け物を食べます。味噌汁にはほかの野菜が入っているかもしれません。よくワカメが入っています。大体それが朝食で、とても美味しいのです。現在では日本人の多くの家庭でアメリカ風の朝食が取られています。なぜか分かりません。私は日本の朝食は美味しいと思いますが、日本人はオートミールや目玉焼きを好むようになりました。

昼食はどんぶり麵かもしれません。野菜や豚肉などの具が少々入り、つゆは魚の出汁がきいています。これが旅館の昼の定番です。私はお気に入りでいつも食べていましたが、物足りなく感じる人もいるでしょう。逆に、名古屋の小さなレストランでは満足感たっぷりであっさりした食事を出します。今でも変わらないと思います。建物の真ん中に噴水のある小ぎれいなレストランで、きれいなウエイトレスたちが塗り物の盆にその日の昼食六品を出してくれます。温かい日本茶もついて全部で一〇〇円、つまり、二八セント*です。六品とはサラダ、汁物、ご飯、天ぷら、煮物、魚か肉で、少しずつですが美味しくて食べ応えがあります。このレストランではチップは必要ありません。日本中のレストランはどこもそうです。日本ではまずチップはありません。良しとされないからです。世界でチップを受け取らないのは、私の知る限り日本だけです。タクシーの運転手のなかにはうっかり料金を余計に受け取って、お金を返そうと客の後を追いかけた人もいるそうです。数は少ないですが、古風な旅館の部屋つき仲居さんにチップをあげることがあり、その場合でも見られないように包んでそっと差し出します。日本人の性格がよく分かる話だと思いませんか。日本人はお金を扱うことが好きではなく、持てなしに対して心付けを受け取るようなことは好きではありません。

　最近日本を訪れ、日本の友人たち数人と連れだって本州の中央部にある高蔵寺町*に行き、玉野川が見える宿で夕食をとりました。この店に私のような外国人がきたのは一年ぶりだそうです。個室は畳敷きで卓袱台《ちゃぶだい》と座布団が敷かれ、座るようになっていました。食事中、私たち三人のそばに四人の仲居さんが座って話し相手をしてくれました。食べ物は最高でした。

二八セント：当時は一ドル＝三六〇円。
高蔵寺町：高蔵寺は愛知県にある天台宗の寺院。

初めは伝統的な和菓子と緑茶が出ました。それから下ろし〈大根〉にイクラを添えた小鉢。大根は西洋のラディッシュに相当します。次に〈刺身〉です、鯉の刺身に細かい桜の花が美しく添えられていました。続いて小さい角切りにした生のイカにチーズを溶かしてかけたもの、柔らかい海草で包んだ〈豆腐〉、山菜の〈ワラビ〉を炊いたもの。ワラビはセロリとアスパラガスを合わせたような味がしました。これらをいただくときは箸を使い、醤油につけて食べます。

このあとに「刺身吸い物」が出ました。透明な汁のなかに刺身が入っています。茹でた筍《たけのこ》に煮魚、鶏肉に味噌と生野菜を添えたもの、酢醤油をかけたエビ、卵の細切りと〈海苔〉のかかったご飯、〈赤だし〉味噌汁、そして、もちろん〈漬け物〉です。漬け物は塩漬けの野菜で食事に必ずつきます。最後はイチゴとバナナに粉砂糖をかけたデザートでした。とても全部は食べ切れませんでしたが美味しい食事でした。

欧米人は生魚とご飯の量が多いことを嫌がります。でも、魚はとりたてで新鮮です。細く切り美味しく調味されてあるので、味にうるさい人も、食べ飽きた人も満足します。

ご飯も上手に炊《た》かれ、香りもよく見た目にも美しくとても軽いのです。私は数週間、数カ月と日本の食べ物ですごしますが、いつも美味しいと思います。日本料理は軽くて中華料理のように健康的であり、中華料理ほど濃厚ではなく種類も豊富ではありませんが、誰の口にも合うと思います。日本料理を食べていると楽々と体重が落ちます。油脂分の多いソースはなく、消化に悪いものもありません。私は日本料理は本当に素晴らしいと思っていて、和風旅館に泊まるのも、和風レストランに行くのも楽しみでした。

自宅への招待

日本人はめったに客を自宅に招きません。つつましい家に招くのを躊躇《ためら》うためですが、自宅に招けば、欧米人がカクテルを勧めるように風呂を勧めます。親しい日本人の間だけのことですが、私も入ったことがあります。私は欧米人なので特別扱いされて風呂を勧められたことはありません。たいてい家の主は気を遣って客に最初に風呂に入るように勧めます。客が出た後は一家の年長者から順に入ります。もちろん年齢に関係なくその家で父親は母親より先です。

欧米人が初めて日本の家を訪問すると驚くことばかりです。まず風呂の習慣、次に私生活《プライバシー》で質問にあいます。日本人には日本人のプライバシーの基準ともいうべきものがあり、欧米人の基準とはだいぶズレがあります。ある日の早朝、客の部屋へお手伝いさんがノックをしないで笑顔で入って来きました。お手伝いさんは家族の人たちと同様の手伝いをするつもりでした。ベッドを片づけ、服やら風呂の世話をしてから朝食を取りに部屋を出て行きました。そののちお手伝いさんはあなたが食事をしている間そばにいます。欧米人はお手伝いさんが許可なく出入りし、幼い子にするような世話をやくので面食らいます。素っ裸で朝の体操をしているときに知らん顔で入って来るかも知れません。にこにこお喋りしながら自分の仕事を片づけます。男性はどう思うか。私は人づてに聞くだけで、私自身はずっと慣れていますが、一度中国で客がとても驚いたことがありました。一度だけでした。この女性客はつぎは用心したからです。

当時の中国では使用人は男と決まっていました。現在はどうか知りませんが、もう使用人はいないかもしれません。当時は中国人の家には下働きがいて一家の大事な一員でした。そのときの私の客は典型的なイギリス女性で、私は下男に客の部屋へ入るときは必ずノックすることをうるさく指導していました。彼はある日そのことをすっかり忘れてノックしないでご婦人の部屋へ入ってしまいました。女性が裸でいるところを見て——詳しいことを語る人はないので推測ですが——すぐ後ろを向いて丁重に部屋を出てドアを閉め、それからノックしました。

こういうことは日本でもよくありましたが、日本では使用人は女ばかりなので驚くのは男性です。男の友人が話してくれたことには、お手伝いさんはふだん自分の部屋に入ると同じ感覚で客の部屋に入って来て、バスタブの中で垢すりしましょうかと申し出るなど、アメリカ人の男には慣れない世話をやくというのです。お手伝いさんは客が裸でありその状況を全く気にしていなかったのですが、男性は初めはかなり面食らいます。やがて男性は世話されることに慣れて、なぜ自分の妻はこういう風に世話をやかないのかと思い始めるのです。

日本人の習慣

習慣や考え方はそう簡単に慣れるものではありません。私たちアメリカ人と日本人はとても違うように見えます。でも、それほどでもないのです。互いに相手をよく知れば差は縮まり、有意義な接触を続けていれば、しまいには理解し合えるようになるでしょう。アメリカ人はイギリス人の言葉足らずにも、アイルランド人の誇張にも慣れました。今度は日本人の曖昧さを受け入れて理解すべきではないでしょうか。そうすれば、アメリカ人と日本人の違いは実体ほどではなくなり、私たちの間にある壁の幾つかは障壁ではなくただの柵になることでしょう。

愛という贈物をどうやり取りするかは難しく、それが何かを知ることはもっと難しい場合があります。欧米人の考えとは逆に、日本人は暖かくて感情を露わにする人たちです。近くに歩み寄れば人の暖かさを感じ、形式や礼儀

アイヌの衣裳を着た女性(北海道)

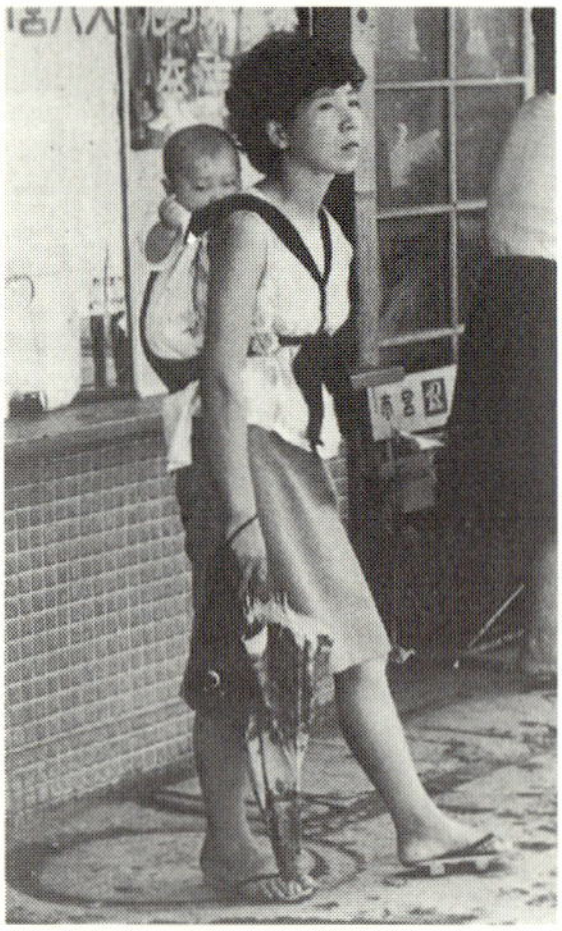

停留所でバスを待つ母子(東北)

対照はどこにでもある。
現代と伝統の共存。田舎
でも都会でも古さと新し
さの両方を追い求める。

一家揃って朝食(東北)

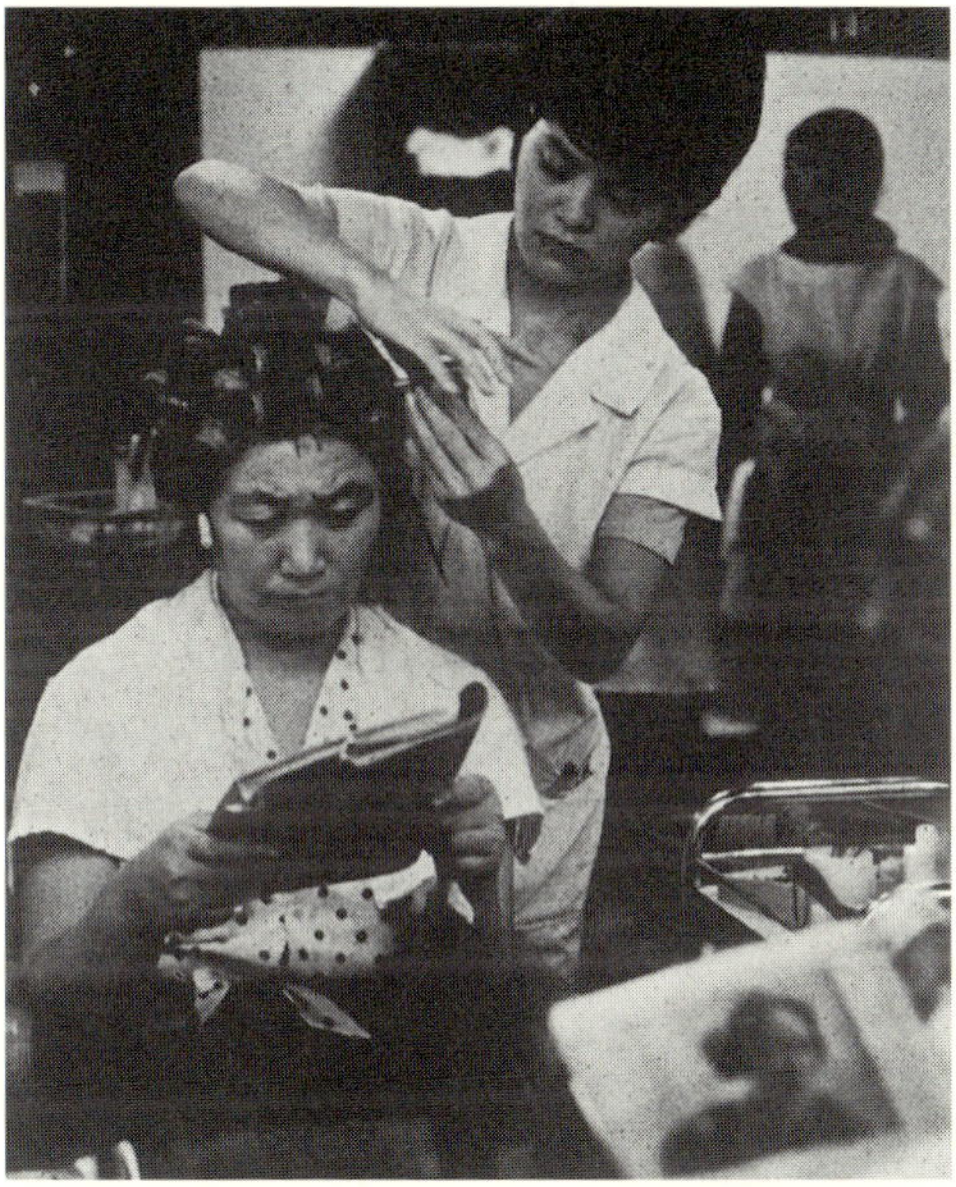
美容院(東京)

神道の結婚式(東京)

公衆浴場(東京)

稽古の途中で休憩を取る女優(東京)

世界に負けず劣らず近代化が進む……

研究所の技師（日本石油株式会社）

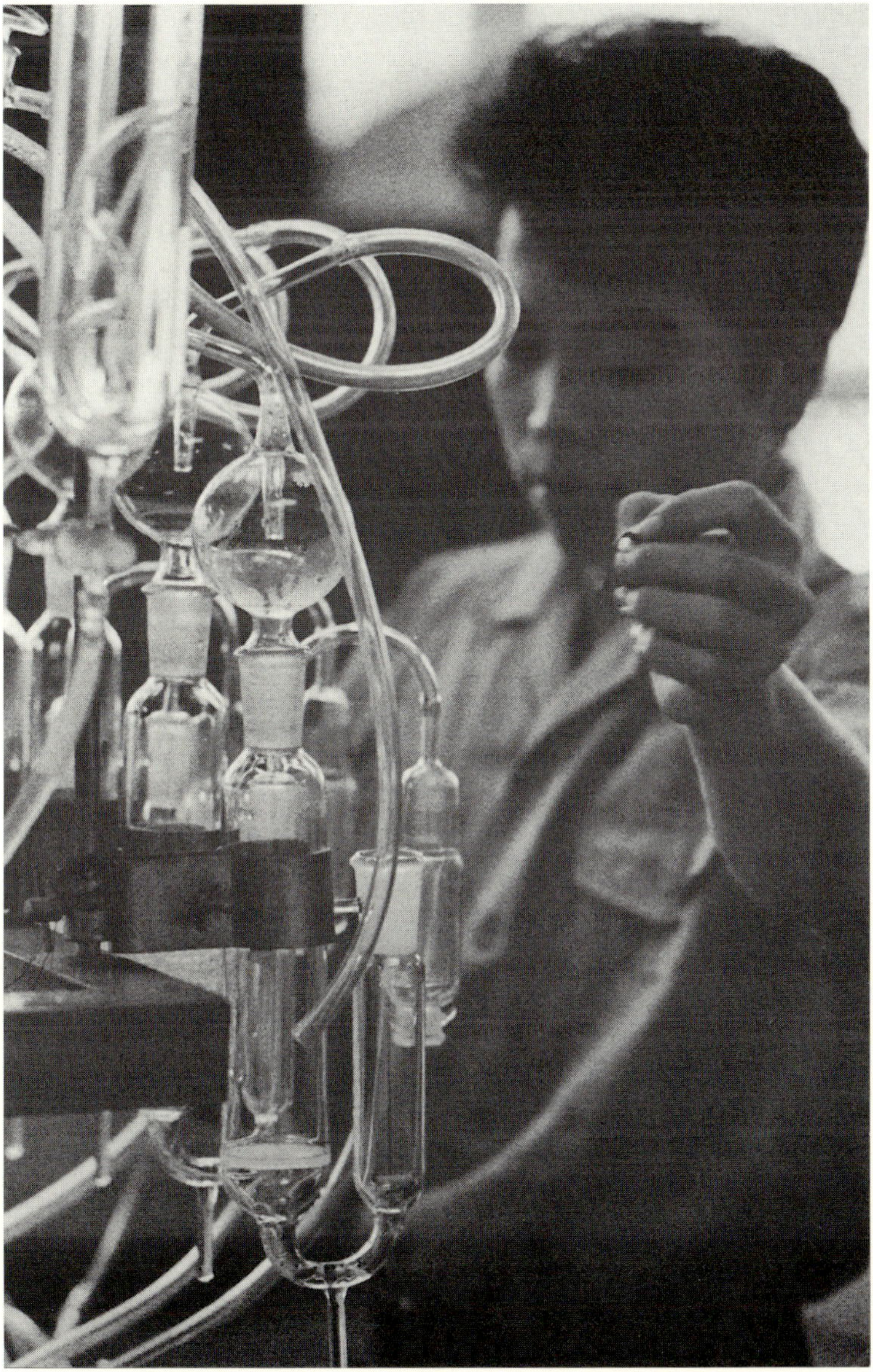

新聞社（東京）

着物売り場のマネキン

音響収録技師（東京）

コカ・コーラ製造工場で

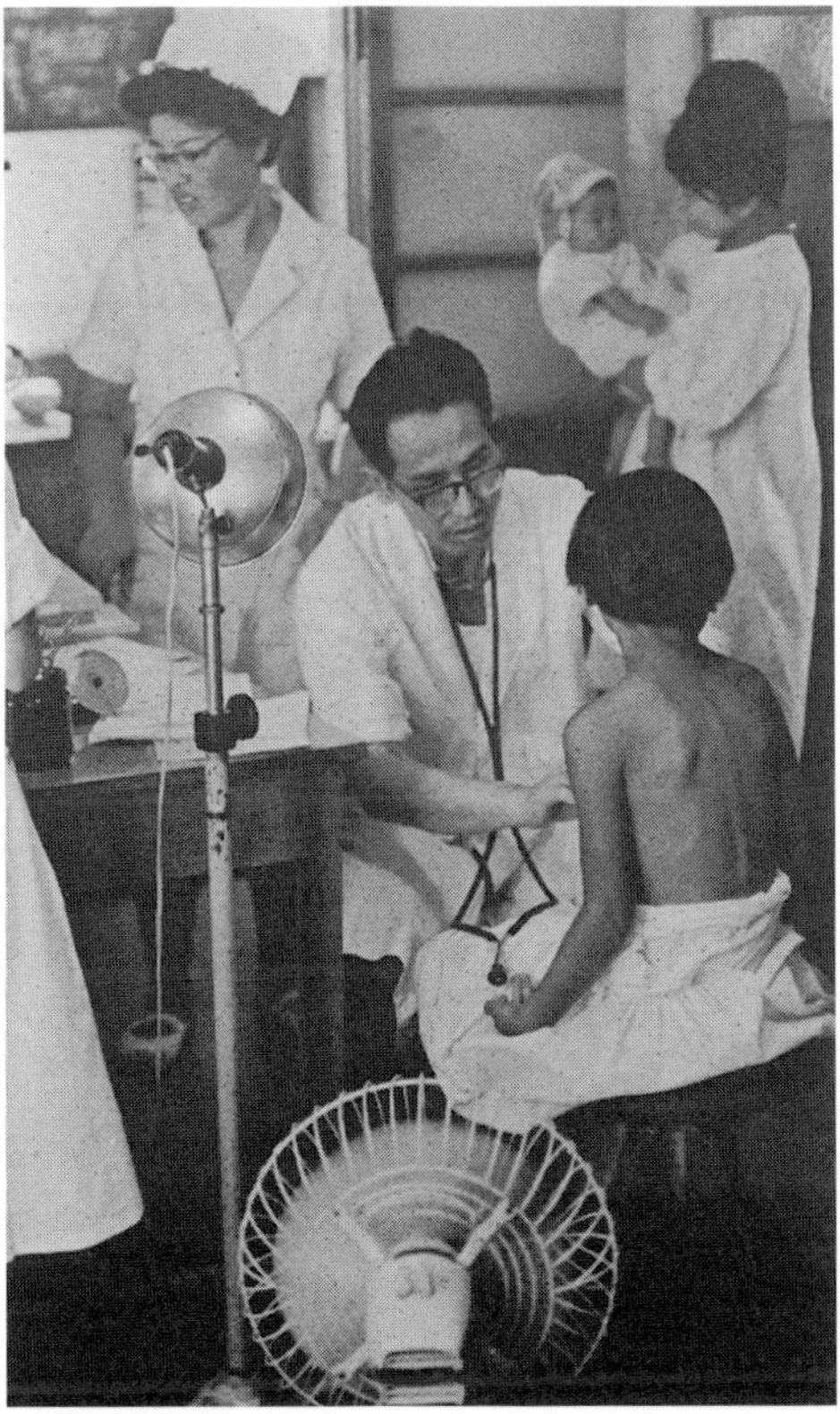

地方の医師（九州・長崎）

家族揃って

……そして動きは速い

とはいえ、なによりも平和を希求する

原爆死没者慰霊碑に集う学生たち（広島）

向上心の強さは変わらないが、新しい表現形式も……

交響詩『フィンランディア』を指揮する音楽教師（東京）

黒板に絵を描く（青森）

バレーの練習(京都)

写生中(東京)

東京六大学の一校（東京）

養護施設の朝（青森）

……しかも伝統への崇敬は根強い

お茶を楽しむ女性

別府大仏(九州)

神社（東京）

成田山新勝寺（千葉）

瞑想（京都・大仙院）

日本人の変化の根底には時代を越えた
不変の価値観がある

作法や伝統を抜きにしてもっと大きな暖かさで応えてくれます。日本人はキスの習慣がありませんが、両腕を開いてあなたのところに来て、抱き締めてくれます。手を握ってくれます。吟味して選んだ美しい包装の贈り物をくださるし、日本人ならではのやり方で尽くしてくれます。あなたが喜びそうな美しい場所へ案内してくれるし、あなたが気に入りそうなものを見せ、それからもう一度あなたの手を握るでしょう。

厳格で時には堅苦しくさえある規範ゆえに日本人にはユーモアのセンスがないとも言われています。日本人の書いたものを読めば私にはそうは思えませんが、笑わないことはたしかです。日本人は昔から感情を表すよりも笑いのうちに隠すことを教えられてきたので、ユーモアとか、ユーモアに価値を認める表現方法にやとまどいを感じるのだと思います。笑いは辛《つら》さや困惑を隠す手段だったので、笑うべきときに素直に笑えないのです。でも、当意即妙ではないにしてもユーモアを解し、滑稽さも分かるし、アメリカ人と同じように笑いもします。

九州の小さい村で暮らしていたとき、道路を挟んで近くに映画館があり、私は日本映画をたくさん見ました。観客はほとんど男ばかりでした。子供の世話は誰かがしなければなりませんが、男にふりかかってくることはまずないので、男たちは妻から逃れて大いに羽を伸ばしているのです。ひじょうに質の悪い映画を見たければ日本です。プロデューサーは次から次へ映画を製作するので質にこだわっている時間がないからです。例外はありますが、筋立てはセックスと暴力ばかりでどの映画にもレイプ場面が一回はあります。

一人の女性がみんなにレイプされる映画がありました。一回目は観客の目は釘付けでした。三回目になると観客は少し飽きてきました。五回目には笑い出し、そのシーンになると大笑いが起こりました。そんな例がたくさんありました。日本人の残酷さを垣間見るときもあり、とても繊細な面を見ることもありますが、総じて日本人には豊かなユーモアがあることを示しています。

一般に日本人は集団本能が強く、他人と違うことを恐れるようです。これは大体あたっています。日本人は個人主義に強い緊張を感じます。作家や芸術家にとくにその傾向が強く、全体的には他人がするようにしたがります。日本人は何百年も順応してきて今も順応しています。とくに家族や両親のことでそうなのですが、家族や親ばかりではありません。着る物でも個性が際立つのを嫌がります。大学を卒業して大会社に就職しグレーの背広を着る青年がその一例ですが、ほかにもたくさんあります。日本人は何につけても相応《ふさわ》しい服装があり、変わるのにも相応しい時があります。暦の上で夏になるとコートを脱ぎ、駅のホームはまるで白シャツの海です。グリーンでも、グレーでも、赤でも、黄色でも、茶色でも、黄褐色でも、ましてや生成《きな》りでもありません。右も左も白一色で六〇〇万人が仕事に向かいます。

体制順応は日本人の生活に浸透し、とくに中流より上では慣習や形式へのこだわりが強いのです。たとえば、若いアメリカ人の友人は六月一五日に日本人の妻と海に行こうとしました。しかし、妻は「まだ七月にならない」と頑として反対しました。日本は男の国ですからともかくも二人は出かけました。若い妻は社会通念に反していることを気にしていましたが、その必要はありませんでした。海には人っ子一人おらず誰にも見られなかったのです。さて、七月一日になりました。夏になり海に行く時期になったので二人は再び出かけました。当日は曇ってどんよりした日でしたが、海岸は人でいっぱいでした。

夏は富士登山の季節でもあります。登山シーズンは水泳とともに七月一日からなので登山者はバーゲンに群がるように四列、五列に並んで頂上を目指します。なぜでしょうか。慣例だからです。もちろん、富士に登るのは七月一日だけではありません。日本人は富士山が大好きで、夏の間は週末に富士山を訪れる人は多いのですが、七月一日は山開きの日だからです。緑が青々とした春も、紅葉の秋もハイカーはほとんどいません。登山は夏に限ります。中秋の満月は日本人に言わせれば一年中で最も美しい月です。秋になると月のせいか、紅葉のせいか、女性は何となく物憂くなります。秋は昔から感受性が豊かとなり詩的な情緒にとらわれる季節です。

こういうことは日本人の集団心理の現れというわけではありませんが、個人よりも集団の一部として動く傾向が強くなります。

体制順応は扇動政治家が現れれば、すぐになびくということになるのでしょうか。過去にもそういう人物がいましたから危険はつねにあると思います。ただし、現れたのは国家主義者《ナショナリスト》というより因襲打破を唱える煽動家でした。日本人は個人よりも運動に動かされやすいので、危険は煽動家よりも煽動的な党派にあるといえるかもしれません。たとえば、創価学会の台頭です。わずか数年で仏教に近い新興宗教の一伝道者から半宗教的、半軍事的な組織へと拡大し、今や無視できない政治勢力になりつつあります。創価学会の土台はキリスト教のように他宗派に非寛容な仏教の一宗派です。個人が組織への勧誘を強く働きかけますが、これはナチズムを思わせる方法であり、地区リーダー制度が組織造りに関与します。この教団は日本のような激変する国にはどこにでもいる寂しく無力な人びとに慰めを与えます。しかしながら、政治的には寂しく無力な人びと以外にも多くの国民に訴えているようです。創価学会は政治部門の「公明党（清潔な党）」を通じて現在は三番目に大きい政治勢力であり、東京都議会では社会党と自民党双方から票を奪って勢力の均衡を左右する決定権を握っています。日本の政府関係者によれば、創価学会という狂信的宗教集団からうまく分離できれば数年のうちに国政を支配できるかもしれないということです。もちろん創価学会はまだそこまでいきません。

予想どおりに創価学会が大進歩を遂げるかどうかは分かりません。日本社会はそれよりずっと大きな組織や、伝統のなかで強さを維持するでしょうから、どの新興宗教も危険な勢力にはならないでしょう。創価学会も例外ではありません。いずれにせよ、日本人はもう軍事的狂信主義はご免だと思っています。

日本人は何を望んでいるか。現在の国内の空気では、モノ、物質的なものを欲しがっています。日本人の生活の仕方では欧米人の楽しみをまるで理解できません。昔の日本人はモノを欲しがりませんでした。もっと正確にいえば手に入らないものは欲しがりませんでした。つましさは惨めなことではなく尊い生き方だと考えられ、領主や主人はそれを推奨しました。いまだに古い考え方や規範が根付いている片田舎は別にして、現在では耐乏は豊かさに道を譲り、変化のうちに新しい欲望が芽生えています。望むものが大きく変わっています。これはアメリカの水準から見れば大それた変革とは言えません。自動車はまだ贅沢品ですし、ほとんどの家庭にはテレビがありますが、浄化槽もあります。日本人は一生懸命働き、早く寝て、毎月一〇〇ドルから一五〇ドル相当で暮らしています。軍備や帝国に代わって「より良い暮らし」に突き進む日本人の溢れる生命力はアメリカ人がすでに歩んだ道を速く歩むことになるでしょう。アジアの神々に慈悲あらんことを!

北方領土と沖縄

それでも日本人はモノ以上に平和を、何よりも〈平和〉を望んでいます。そのほかに二点を強く感じています――対中国貿易と沖縄の地位についてです。日本はアメリカ軍の基地が多い本土の現状や、北方領土と漁業水域に絡むロシアとのいざこざさえ受け入れています。しかし、日本はこの問題には不満であり、中国と沖縄に関しては何ら進展していません。

日本は何と言ってもアジアの慣習と考え方を有するアジアの一国です。中国については人種的、文化的な親近感を強く抱いていますし、中国がヨーロッパ列強を追放したことに満足しています――日本にとってはロシアの占領です。日本の知識層にはマルクス主義や社会主義に傾倒している人間も多く、戦前の軍国主義から左派に転向し、そのまま変わっていません。もちろん自民党政権は対中政策は欧米と足並みを揃えていますが、共産党政府の承認を拒む一方で、非公式に中国との通商や文化関係は拡大しています。日本は中国が脅威になるとは考えず、また、中国の狂信的マルクス主義はいつかは治まると信じています。

沖縄については、沖縄の人びとが本土復帰を願っていることは否定できない政治的事実であり、日本は沖縄の人びとに心底同情しています。日本と沖縄を真面目に考える人ほどロシアが北方四島から日本人を追い出してロシア領にしたのに対して、アメリカは琉球、すなわち沖縄に居住権を認めたことを評価しています。沖縄のアメリカ軍の離着陸場は自由主義圏の防衛に欠かせないこともよく理解していますが、なぜ沖縄政府がいつまでもアメリカ軍統治なのかがわかりません。アメリカ軍が立ち去る日が来れば、沖縄の人びとは生活手段がなくなることを知って、怒りは鎮まるどころか増幅します。

敵意が消えないのには、何か理由があるはずです。沖縄の耕作地はただでさえ狭いのに今やその多くは大きな飛行場用にセメントで塗り固められた下に埋まっています。農業を営んでいた人たちは確かに補償を受け取りましたが、退去させられました。彼らはもう独立した土地所有者ではありません。この人たちと息子や娘はアメリカ軍に雇用されるか、アメリカ人の使用人になりました。だから怒りと不安を抱いているのです。沖縄の女性とアメリカ兵の間に生まれた数多くの子供たちの存在が、現在の不満と将来に対する不安を増幅しています。日本の人びとは沖縄は返還されると思っていますが、いつでしょう。一方で、一九六六年現在、新司令部は前司令部よりも民主的で軍事的色彩が薄いことを強く望んでいます。現在の不満の原因がすぐにでも払拭されることを彼らとともに願っています。

XV

日本とアメリカ

占領を通しての相互発見

確かにアメリカと日本の間にはまだまだ解決すべき問題があります。二つの国が敵視し合った時期があったことを考えると、問題が少ないのは驚きです。過去において、どちらの国民も互いに無知で、対立したまま相手に接触しました。真珠湾攻撃は理由がなくはありません。無知、無理解、長い時間をかけて徐々に膨らんだ憎悪がもたらした結果です。欧米の日本への対応には間違った点も多々ありました。くすぶっていたその怒りがある日、戦争となって爆発したのです。

しかし、戦後、アメリカの占領は驚嘆すべきもので、両国民の間に相互の発見がありました。日米関係は驚くほど変わりました。占領中に日本人とアメリカ人が共に暮らすことを余儀なくされた日々は、それなくしてはあり得ぬほどの友情をもたらしました。占領のおかげでかつてないほど相互理解が深まりました。日本人は今では私たちアメリカ人を最も好ましい欧米人だと思っているはずです。アメリカ人も日本人が好きで、アジアのどこよりもよく知っているつもりです。私は日本人の変化について述べましたが、私たちアメリカ人にも大きな変化がありました。アメリカ人はようやくアジアをある程度理解し始め、新しい知識はいつの間にか私たちの生活に浸透しています。何千人、何万人という軍人や家族が以前にはない見方をするなど、大事なものを身につけて帰りました。日本とアメリカは大きく異なる文化の出会いから大いに得るものがありました。私たちは二〇世紀のルネサンスを見ているのだと思います。アメリカも日本も昔のままではいられないでしょうし、私はそれに感謝しています。私たちは以前よりも相手に近づいていています。

しかし、それは国民性が変わったということではありません。日本人はずっと民主的になり、アメリカ人は少し民主的でなくなったかもしれませんが、日本人は本当の意味でまだ民主的ではないという事実はそのままです。生活のさまざまな領域で民主化が進みましたが、友愛の実感がなく、本気で人間の平等を信じているとはいえません。日本人は階級思考に慣れていますし、これからもそうあり続けるでしょう。上流階級と下流階級の間にはまだ差があり、階級制度は正しいと思っています。天皇制の廃止はまったく考えていません。天皇の神性は剝奪されましたが、天皇はまだ国家の長であり崇められる存在です。にもかかわらず、政治体制は民主制です。

日本人とアメリカ人はどれくらい似ているのでしょうか。想像以上です。私たちは世界や生活や新しいものについて同じくらい好奇心があります。ともにスポーツ好きで、変化を恐れず、相手に対する考えをいつでも変える用意があります。ともに科学と科学的方法に貢献しています。私たちアメリカ人は個人の尊厳と価値、自由と民主的政府、法と秩序と自制の理想を日本と共有しています。とりわけ私たちは日本とともに平和を願っています。

日米両国民が影響力の度合いを探るのは興味深いことだと思いますが、かなりわかっています。たとえば、建築の分野では、日本のオフィスの超高層ビルとアメリカの住宅の影響――エレベーターと障子です。ファッション、庭園、芸術、家庭用品や電化製品、科学理論や科学的成果においても相互に影響し合って成果を上げています。日本のやり方、アメリカのやり方はさまざまに影響を及ぼし合っています。たとえば、今朝、私は六時に目覚め、ニュースを聞こうとしてベッドのそばにあるラジオをつけました――ちなみに、日本製のトランジスターラジオです。ニュースはまだで音楽を聴いていました。何の音楽だったと思いますか。アメリカのポピュラー音楽をやっているなかに日本の二弦琴に合わせた有名な日本のメロディーが聞こえました。説明もなくごく自然な感じで流れてきたのです！

その瞬間、私は東京でロックコンサートに連れて行ってもらった夜のことを思い出しました。長髪の歌手が身体をくねらせてギターを弾きながらウエスタンを歌い、聴衆の若い女性がアメリカの若い子とまったく同じように叫んだり拍手をしたりしていました。それを認める認めないは問題ではありません。失うものはあるかも知れませんが、それ以上に得られるものがあります。人類を国家や人種で分ける方法は終わりつつあります。イデオロギー面で大きな進歩はなくとも、人類を全体として受け入れれば、イデオロギーの問題もゆくゆくは解決できるでしょう。

今の時点で重要なことは、日本人は島国的な歴史、人生観、心理がありながら、他のアジア民族よりも近代化を進め、工業化し、急速に大国の地位まで昇るのを選択したことです。今や日米共通の利益と、深まる友情のために私たちは通商を通じて独特の関係を発展させています。二国間の通商の進展に伴ってアジアと欧米の間にかつてないほどの文化交流が進んでいます。日本への欧米の影響はアジア全体に拡大すると見られ、私たちにとって計り知れないほど重要なことです。

外と内にこういう変化があっても、日米両国民は影響し合いながらも、基本的な国民性や伝統的な特徴は変わらないという点を私はくりかえします。アメリカ人は日本のことを異国情緒があり、繊細で、芸術を愛好し、魅力ある国だと思っています。確かにそういう特徴を示す領域はあります。しかし、他の面では強く、競争力があり、知的で、現代的です。日本はどちらかといえば男性社会です。日本人は情緒的ではありますが、論理的であり理性、必要、利益をもとに決断します

たとえば、工業です。日本人は戦後の復興期にアメリカ政府と経済界が日本の産業を支援し保護してくれたことにたいへん感謝しています。恩知らずとは思われたくないのです。それでも、経済の急成長の中で恩を受けた相手と激しい競争をする段階が近づいています。保護者であった人の競争相手になっています。このことで日本人はと

ても悩んでいます。しかしそのときは着実に近づき、競争が現実になりました。アメリカ経済界はすでに抗議を始め、例の不平等の声がこだまするなかで関税は上がっています。対中国貿易と中国との意志の通じ合いに関しては、日本はしっかりとアメリカの対中政策に同調していますが、アメリカとの関税および貿易問題がこじれてきたら、日本は自国の経済維持のために中国市場を取り込まなければなりません。生活と経済的利益に関わるところではイデオロギーは対抗できません。幸いアメリカ人は現実的な国民であり、競争相手が互いに利益と損失を比較考量し、相互譲歩を学ぶ必要をよく心得ています。ですから、産業の取り決めや通商協定は交渉が比較的楽な分野なのです。

中立主義をめぐる日米の考え

はるかに難しいのは政策問題です。日本は近代国家として成熟を遂げたという自覚があります。アメリカを含むすべての国民と対等な関係に立とうとするのは当然です。日本人は繊細なのでこれまで寛大に扱ってもらったことを忘れませんし、公正で礼儀正しいので感謝もしていますが、また信念も行動も独立であるべきとの強い意志を持っています。敗戦と原子爆弾投下以降、日本人はずっと世界平和に強い使命感を抱いています。自分たちは仲裁者であり調停者であると思っています。従って、中立主義を信奉しています。アメリカ人にとって中立主義は色のない消極性です。日本人にとっては道徳的な勇気であり精神的な独立なのです。

日本の中立主義はアメリカ軍の駐留を認める安全保障条約に対する抗議となって爆発しましたが、日本人の心のなかには強い抗議の気持ちがあります。私は安保条約の交渉中に日本にいて過激な反対運動を目にしました。東京の街中に怒れる群衆が溢れた光景には衝撃を受けました。群衆の主体は大学生で、学生の主張は国民感情のはけ口なのでつねに重要なサインでした。アメリカが日本に与えた憲法を支持するデモでした。彼らは憲法を守るためにデモするほどこの憲法を歓迎していたのです。アメリカが戦後、米軍基地を増設するのは平和宣言に反していると学生たちには見えたのです。日本人を公正にみれば、欧米各紙の報道とは違って学生たちは反米ではなかった、と言わねばなりません。いわゆる暴動が起きたとき、私は東京の街に出ましたが少しも災難に遭いませんでした。日本人がアメリカ人を好きな気持ちは昔も今も変わっていませんでした。日本の再軍備に反対して抗議デモをする学生たちは、原爆投下後アメリカがかくあるべしと求めた日本人、すなわち軍備を廃して戦争を放棄する国民、過去のやり方を改める国民、平和に献身する国民であるべきだと要求していたのです。これが事実です。これは日本の矛盾の一端ではないでしょうか。

対外政策として中立主義はどうかと考える人や集団があるのは事実ですが、それ以上に強い力で深い霊的な感情が日本人に平和を志向させます。戦後の日本人の姿勢はアメリカにとってひじょうに大きな価値があります。アメリカは平和を希求し、日本の友情が必要なのです。日本は過去数百年を通して抜きんでたアジアの一国でしたが、今日、欧米との同盟を選択しました。アジアにおけるアメリカの最大の敵は最も仲の良い友人になったのです。

アメリカは日本人のなかにつねに逆説、矛盾、そして好対照を見続けるでしょう。アメリカは日本の変化の兆しを見、近づいてよく調べると、それは変化ではなく、変化する世界への適応であることを知るでしょう。日米両国は相手をよく知れば知るほどまごつくことがあるでしょう。しかし、アメリカは現代の日本のみを受け入れると決断するだけでは事足りません。日本人は歴史とともに生きています。島根の出雲大社は実に日本的であり、天竜川の激流を阻止して東京と名古屋に送電する佐久間ダムにほかなりません。田舎住まいのコサカイ一家も経済人のヤマグチ一家も実に日本的です。現代の日本人科学者は世界の学問に多大な貢献をし、電離層の分野では指導的立場にありますが、彼らはわずか一七音の伝統的な俳句で諧謔を表現した何百年も前の有名な俳人と同じ日本人です。

Dancing girls
Are always
Nineteen years old

いつまでか　十九　十九の白拍子

古さと新しさ、時に激しくふだんは繊細なこの対称こそが日本をして世界でも有数の魅力ある国たらしめているのです。以前にも増して戦争の不安を抱え、協力して平和を願い、東と西が互いに求めあう現代のパートナー国なのです。

以上が愛する日本人についての私の考えです。日本人は伝統的な国家的結束を維持しながら、宗教的ともいえるほど平和を希求する一方で、変化し成長する独特《ユニーク》な能力をもつ偉大な国民です。アジアで最も近代化し、アメリカのアジアにおける最大の友人である日本は、東と西の戦略的要地にあって平和と人類の福祉のために力と影響力を発揮すべき地位を占めています。

この時代に日本の人びとは仲立ちとして、友人として、東西の間に立つ使命ともいえる稀な好機をつかんでいます。

（了）

パール・バック著『The People of Japan』の解説

監修　丸田　浩

この随想は一九六六年に米国の大手出版社「サイモン・アンド・シュスター」から出版されたものであるが、ごく最近まで日本の読者には、ほとんど目に触れない存在となっていた。実は私自身も昨年まで、この原書の邦訳が日本でまだ出版されていないことすら知らなかった。

この原書の存在を初めて知らされたのは、八王子市にある「舞字社」の吉川政雄社長から、昨年久しぶりにメールをもらった時のことである。舞字社とは、一〇年ほど昔に、邦訳『パール・バック伝』(上下巻)を出版して以来のお付き合いがあるが、数年前にパール・バック著「Command the Morning」の邦訳『神の火を制御せよ——原爆をつくった人びと』(径書房、今年になって、NHKラジオで連続朗読番組に組まれて、にわかに脚光を浴び始めている)を出版してから、しばらく文通がなかった。

水木洋子という有名な映画脚本家（シナリオ・ライター）が、実は千葉県市川市に長らく住んでいたことを知っている読者は一体何人いるだろうか。吉川社長から、突然メールを貰うまで、（海外生活四〇年、豪州メルボルンに二五年近く永住の）私は恥ずかしながら全く知らなかった。社長からのメールによれば、水木洋子（一九一〇〜二〇〇三）の生誕一〇〇年を記念して、二〇一〇年に市川市居住の「水木洋子市民サポーターの会」の会長（加藤　馨さん）が、彼女の伝記を出版したが、その執筆中に、意外な手紙を一通、彼女の遺品から発見したのだそうだ。パール・バック女史から彼女宛の英文の手紙だった。一九六六年九月二〇日付けの手紙だった。「The People of Japan」が出版される二、三ヵ月前のことだろう。

手紙の内容を要約（意訳）すると、次のようになる。

水木さんの名前をハワイ大学の我妻洋《ひろし》教授（有名な民法学者、我妻栄＝東大法学部名誉教授の長男で東大文学部卒の文化人類学者）から聞き、私の日本滞在中に、できれば水木さんと面談したい。私の東京滞在は一〇月一二〜一七日で、ヒルトンホテルに泊まる予定である。今回の訪日の主目的の一つは、「パール・バック財団」の主な活動である日米混血孤児の養子斡旋と教育支援について、混血孤児問題のエキスパートである水木さんから助言をぜひ頂くことにある。そこで、水木さんの都合を至急ご連絡下さい。

さて、水木さんと混血孤児との関りは、一九五九年に制作された映画「キクとイサム」にあった。監督は今井正さんだが、この脚本を情熱をもって書き上げたのが、水木さんだった。戦後一三年、東北の農村を舞台に、米軍兵士を父に持ち（日本人の）母親に死別した姉弟を通じて、混血孤児の問題を思い切って明るく描いている。

パール・バック女史（一八九二～一九七三）がノーベル文学者であることは、世界中で広く知られているが、女史のもう一つの特筆すべき活動（慈善事業）は、意外に日本では知られていない。そこで、かいつまんで、それを紹介しよう。敗戦後の日本に大量の米軍を中心とするいわゆる「進駐軍」が日本を数年間、占領していた。マッカーサー連合国軍最高司令官がそれを統率していた。この期間に、米軍の将兵と日本女性の間に、多くの混血児が生まれたが、これらの混血児は大部分「父なし子」となった。その理由は、父親である米軍の将兵がアメリカ本国に帰る際、実子を日本に置き去りにしたからだ。一方、母親である日本女性は貧しさのために、あるいは周囲の住民による混血児に対する差別から、混血児を放棄せざるをえないケースが多かった。こうして、二〇〇〇人以上の日米混血孤児が、戦後日本の路頭に迷っていた。これらの混血孤児の救済に真っ先に取り組んだのは、一九四八年に鎌倉の実家を開放して「エリザベス・サンダース・ホーム」を始めた澤田美喜さん（三菱財閥の創始者である岩崎弥太郎の孫）だった。パール・バック女史は、日米混血孤児の問題を憂慮し、同様な理由で、米軍が駐留していたアジア諸国や敗戦国ドイツの路頭に迷う混血孤児を救済するために、私財を投じて、一九四九年に「ウエルカム・ハウス」、更に一九六四年には「パール・バック財団」を設立して、これらの混血孤児の養子斡旋と教育支援に専念した（詳しくは、『パール・バック伝』下巻（舞字社）を参照されたし）。

パール・バック女史からの問い合わせに対して、水木さんはオーケーの返事を打電しているが、実際に両者が面談して、一体どんな話し合いをもったのか、できれば詳しく知りたいというのが、この「サポーターの会」の一員（大隅裕子さん）からの舞字社への問い合わせだった。そこで、吉川社長は、同年に出版された女史の随想「The People of Japan」のなかに情報があるかもしれないと考え、できれば原書を取り寄せて、実際に調べてくれ、というメール依頼が豪州に住む私まで回ってきたわけである。

幸か不幸か、この原書には、水木さんとの面談については、全く触れられていなかった。女史の観た日本の人々に対する一般論（言わば、女史の目という「鏡」に映し出された日本人の群像）が書かれているにすぎなかったが、その内容が極めて客観的で、しかも（半世紀たった今日でも）いかにも新鮮なものだった。そこには、我々日本人として、まだまだ学ぶべきことが多々あった、そこで、訳者の小林さんに頼んで、邦訳出版を企画し始めたわけである。幸い、国書刊行会の中川原徹さんが情熱をもって、この邦訳出版に取り組んでくださり、この「時代や世代を越えて価値ある」原書がようやく陽の目をみることとなったのは、極めて喜ばしい限りである。

この原書のなかで、私の脳裏に特に強い印象を残したのは、次の三つの章だった。要約（ハイライト）すれば、次のような内容である。

【Ⅱ　日本の輪郭】日本が島国、しかも海洋の島ではなく大陸に近い島国だったことは大きな意味があり、日本人の心情の機微に影響を及ぼした。幼少時代などにすごした長崎をはじめ別府、雲仙、小浜（Obama）など活火山の多い九州への郷愁や人種について語るくだりで、富士山の「ふじ」は元来アイヌ語「火」、つまり大昔アイヌ族が本州のいたる所に住んでいたころ、富士山は「火の山」（活火山）だったと、アイヌ語の影響を紹介している。この史実はわれわれ（つまり、アイヌ族の子孫ではない）大部分の日本人にとっては意外、正に「目から鱗」だろう。

【Ⅷ　人情と躾】アメリカ人は善悪を精神と肉体というような対立概念で捉えるが、日本人は性善説で善悪を人間性の両面であり、優しさと激しさと捉える。日本人に重要なことは、個人としても社会においても義務を果たすことだ。親は子供に家族なしには生きられないことを幼少から体得させる。家族に対する責任・義務感が規範であり見えないクモの糸となる。義務を果たすことは名誉であり、日本人の伝統的な生き方である。日露戦争後、乃木大将は降服した敵の大将ステッセルの愛馬を終生大事にしたというエピソードは、戦争では義務を果たさなければならないが「人間的感情」を無視できない日本人の心の有り様が現れている。

【Ⅺ　宗教と偏見】「多民族社会」であるアメリカでは、少数民族である黒人、東洋人、原住民であるアメリカ・インディアンに対する差別が長年問題になっているが、一見均一に見える日本社会にも、被差別部落民、アイヌ族（原住民）の子孫、在日朝鮮人、日米混血児＝アメラジアン、被爆者、水俣病患者などのいわゆる「少数階層」に対する差別問題が根強く残っているのは、誠に残念である。逆に、金髪・青い目の白人が崇拝（憧れ）の対象になっているのも（欧州人の目から観て）皮肉である。これらの社会現象は、日本人（大和民族）の心の奥底に潜む「劣等感」と「優越感」の複雑な反映と解釈できるだろうか。

最後に蛇足にもなるかもしれないが、米国人であるパール・バック女史のユニークな「アジア体験」について、少し触れておきたい。女史の両親は、米国から中国大陸に派遣されたキリスト教の宣教師だった。そこで、女史自身も米国生まれではあるが、その前半生（約四〇年）の大部分を戦乱の続く中国大陸の農村地帯ですごすことになった。そして、中国の内戦を避けて、日本の長崎近郊（雲仙）で、家族とともに疎開生活をする機会があった。したがって、女史には（他の欧米人と違って）アジア（東洋）的な目で、中国人や日本人を観察する感覚が幼いころからずっと養われていた。それが女史を単なる「親日家」というよりは、むしろ「知日家」（日本人を知り抜いている知識人）たらしめる由縁《ゆえん》であろう。

この疎開生活の体験から生まれた女史の作品に、『Big Wave』（大津波）がある。これは少年少女向けに書かれた短編小説であるが、一九四七年に出版され、一九六〇年には日米合作で映画化されている。雲仙地方でその昔、実際に起こった地震と津波を題材にして、一昨年の東北三陸沖で猛威を奮った、かの大津波がもたらしたような大天災と闘う若者たちの姿を描いたものである。往年の名優「早川雪洲」が半鐘を鳴らして、漁村の住民たちに津波の襲来を警告する村の長老役で登場する。言いかえれば、女史の作品は半世紀以上経っても、いまだに価値を全く失っていない。

女史の作品で世界的に最も知られているのは何といっても『大地』を初めとする三部作だろう。中国の貧農出身

「王家《ワン》」の三代記であるが、これは西洋人によって書かれた中国（東洋）の人々の生のままの姿を初めて描いた作品であり、ピューリッツァー賞に輝いたばかりではなく、映画化もされ、のちに彼女がノーベル文学賞を受賞する要因の一つに挙げられている。女史はこの『大地』やその後の八〇以上にわたる作品を通じて、「東洋と西洋の橋かけ」という役割を果たすことになる。

実は『大地』を執筆し始めた背景には、大変悲しい出来事があった。女史の長女でたった一人の実子となったキャロルは、「フェニルケトン尿症」の犠牲者で、先天性白痴ゆえ、頭脳の発達が極めて遅れ、九歳になって以来、米国の特殊学校（施設）でその長い生涯をおくる運命となった。娘の一生にわたる施設での養育費を稼ぐために、女史は小説『大地』を書き始めたのである。女史の夫（ロッシング）は農業経済学者（かつ宣教師）で、娘キャロルに全く関心を示さなかった。そこで、『大地』が出版されてまもなく、夫婦は離婚し、女史は『大地』を発掘してくれた先見の明のある編集者（リチャード）と米国で再婚することになる。この新しい夫婦は、数人の孤児を養子や養女として、家庭に受け入れ、そのなかには、前述した日米混血孤児も含まれている。女史が癌のため、子宮剔出をせざるをえなくなったからである。したがって、皮肉にも女史にとって、名作『大地』は不幸が招いた幸運な所産だったのである。

われわれ日本人は、本邦訳を含めて女史のさまざまな作品から、われわれに訪れる不幸な出来事に挫けることなく、飽くまでも前向きに果敢に人生を闘い抜く勇気と英知を育むことができたら、誠に幸いであろう。

訳者あとがき

五年ほど前、奇妙な縁で、オーストラリア在住の丸田浩氏から、まだ邦訳出版されていないパール・バックの小説「Command the Morning」（邦題『神の火を制御せよ――原爆をつくった人びと』径書房）をいっしょに訳そうではないかとのお誘いを受けた。そして、この度も日本人に関するバック女史の随筆を邦訳する機会をいただいた。本書については丸田氏が解説で詳しく述べておられるので私が補足するところはないが、戦後七〇年近く経ち、日本人が置き去りにし、あるいは、忘れてしまった日本人の原風景をバック女史が的確に指摘していることに目を洗われる思いがした。

この随筆は欧米人向けに書かれたもので原題は『日本の人びと』であるが、本書のタイトルを『私の見た日本人』としたのはバック女史が実際に日本と日本人を見てきたということと、微細なところまでを見抜く女史の観察眼と感受性で対象の本質をあぶり出したということの両方の意味から付けた。

本書の優れたところは、個人的には「義理」と「人情」の分析から日本人の二面性を解き明かし、日本人的性格の二重性を見事に言い当てていることにあると考え、昔から疑問に思ってきたことが解明された思いである。かなり昔に読んだルース・ベネディクトの『菊と刀』でも日本人についての発見があった。これは戦時中の文化人類学的研究でありベネディクト女史は日本を訪れることなく文献と日系移住者との交流から解明したとのことだが、本書は長年にわたり日本各地を訪ね、多くの日本人と交流して日本を熟知した知日家バック女史だからこそ書けた生きた研究報告ともいえるだろう。小説の中でも見られる手法だが、事物や情景を微細に見つめて本質をつかみ見事に表現する力が本書でも発揮されている。

本書の中で、戦後の日本人が崇拝するのは「モノ」であるとの指摘があるが、敗戦で日本人はそれまでの精神的支柱を一挙に失い、失ったまま七〇年代、八〇年代の経済的繁栄による奢りも手伝って欧米とくにアメリカから良いところも悪いところも峻別することなく吸収して今の姿になった。バック女史が日本人の良さとして賞賛した特徴は失われたように見える。女史が現在の日本人を見たら驚くであろうほど変化してしまったが、それでも「変化するが、変わらない日本」と見るであろうか。本書の中で、日本では高齢者が誇りとされ大切にされていることを強調しているが、終の棲家を失ってさまようお年寄りの孤立を見たらどう思うであろうか。二年前の東日本大震災から、いや、その前から徐々に日本人はこれでいいのかと立ち止まってみる風潮ができているように思われる。本書がかつての日本人の原風景を知る一助になれば女史も喜ぶのではないだろうか。最後に、本書を出版へと導いてくれた国書刊行会の佐藤今朝夫社長、編集の中川原徹氏、編集にご協力いただいた国書サービスの割田剛雄氏、萩尾行孝氏のご尽力に心より感謝する。

小林　政子

著者紹介

パール・バック（Pearl S. Buck　1892 年～ 1973 年）

宣教師だった両親とともに生後まなく中国に渡り、以後前半生を中国で過ごすユニークなアメリカ人作家。大学教育は母国アメリカで受けるが、結局中国に戻って宣教師の妻となり一時南京大学で英文学を教える。1931 年『大地』を発表し 1932 年にピュリッツアー賞を受賞。『大地』は『息子たち』、『分裂せる家』とともに三部作『大地の家』を成す。1938 年にノーベル文学賞を受賞。1934 年、戦禍を避けて住み慣れた中国を離れて母国アメリカに永住。1949 年共産党革命のため中国に戻る機会を失った。アジア通であり終生「東洋文化と西洋文化の架け橋」役を務める。戦前、長崎近郊で暮らした（疎開）体験をもとにして戦後まもなく書かれた『大津波』という子供向け短編が 1960 年に日米共同で映画化された。

監修者紹介

丸田　浩（まるた・ひろし）

1967 年、東京大学薬学部卒業、1972 年同大学院で博士号を取得。以後米国政府の医学研究所（NIH）、エール大学、およびドイツのマックス・プランク研究所に勤務後、1988 年より 2006 年 3 月まで豪州にあるルードビッヒ国際癌研究所の制癌剤開発部長。ドイツのハンブルグ大学付属病院に客員教授として勤務。

主な訳書『免疫学者バーネット』（学会出版センター、1995 年）、『パール・バック伝』上下巻（舞字社、2001 年）、『テンジン、エベレスト登頂とシェルパ英雄伝』（晶文社、2003 年）、著作『癌との闘い』（共立出版、2001 年）など。

訳者紹介

小林政子（こばやし・まさこ）

1972 年、明治学院大学英文学科を中退し外務省入省。リスボン大学にて語学研修。主に本省では中近東アフリカ局、国連局原子力課など。在外ではブラジル、カナダに勤務。

1998 年外務省を退職し翻訳を志す。ユニ・カレッジにて日暮雅道氏、澤田博氏に師事。主な訳書『一瞬の夢　ギャンブル』（太田出版、2005 年）、『神の火を制御せよ——原爆をつくった人びと』（パール・バック著、径書房、2007 年）など。

私《わたし》の見《み》た日本人《にほんじん》

二〇一三年三月一五日　初版第一刷発行

著　者　パール・バック
監修者　丸田　浩
訳　者　小林政子
発行者　佐藤今朝夫
発行所　株式会社　国書刊行会
〒一七四－〇〇五六
東京都板橋区志村一－一三－一五
TEL 〇三（五九七〇）七四二一
FAX 〇三（五九七〇）七四二七
http://www.kokusho.co.jp
印　刷　株式会社エーヴィスシステムズ
製　本　株式会社ブックアート

ISBN 978-4-336-05626-9